WIKING

HYGGE HOME

Weitere Titel des Autors:

HYGGE. Ein Lebensgefühl, das glücklich macht
LYKKE. Der dänische Weg zum Glück
DIE KUNST DER GUTEN ERINNERUNG. Und wie sie uns dauerhaft glücklicher macht

MEIK WIKING

MEIN HYGGE HOME

EIN WOHNBUCH MIT HERZ UND SEELE

Aus dem Englischen von Viola Krauß

lübbe life

Die Bastei Lübbe AG verfolgt eine nachhaltige Buchproduktion. Wir verwenden Papiere aus nachhaltiger Forstwirtschaft und verzichten darauf, Bücher einzeln in Folie zu verpacken. Wir stellen unsere Bücher in Deutschland und Europa (EU) her und arbeiten mit den Druckereien kontinuierlich an einer positiven Ökobilanz.

FSC www.fsc.org MIX Papier | Fördert gute Waldnutzung FSC® C002795

Titel der englischen Originalausgabe:
»Hygge Home. How to Make Home Your Happy Place«

Zitat Seite 68 nach: R. R. Tolkien, Der Hobbit, übersetzt von Wolfgang Krege, Klett-Cotta, Cotta'sche Verlagsbuchhandlung, 1998
Zitat Seite 169 nach: Alan Alexander Milne, Pu der Bär, übersetzt von Harry Rowohlt, Cecilie Dressler Verlag, 2009

Textredaktion: Beate De Salve, Pulheim
Umschlaggestaltung: Tanja Østlyngen nach einem Originalentwurf von Penguin Random House
Satz: fuxbux, Berlin
Gesetzt aus der Futura
Druck und Einband: Livonia Print, Riga

Printed in Latvia
ISBN 978-3-431-07044-6

5 4 3 2

Sie finden uns im Internet unter luebbe-life.de
Bitte beachten Sie auch: lesejury.de

Inhalt

KAPITEL

1

DÄNISCHES DESIGN UND DAS HYGGE-HAUPTQUARTIER

Kann unser Zuhause zu unserem Glück beitragen? Lässt sich Wohlbefinden designen? Lässt sich ein besseres Zuhause erschaffen, in dem wir nicht nur wohnen, sondern auch wachsen und gedeihen? Die Antworten auf diese Fragen hatte ich die ganze Zeit direkt vor meiner Nase, denn in Dänemark aufzuwachsen bedeutet, mit zweierlei aufzuwachsen: Design und Hygge.

Einige dänische Designer sind dir vielleicht ein Begriff. Die Design Ikonen Arne Jacobsen, Hans Wegner, Poul Kjærholm, Poul Henningsen und Børge Mogensen kennt man nicht nur in Dänemark, sondern überall auf der Welt. Und wenn du dänische Fernsehserien wie *Borgen, The Killing* oder *Die Erbschaft* gesehen hast, hattest du auch schon ein paar Einblicke in dänisches Urban Design und Interior Design.

Vielleicht gehörst du sogar zu denjenigen, die bei *Borgen* auf Pause drücken, um sich zu vergewissern, dass im Büro des Premierministers tatsächlich die Pendelleuchte Artichoke von Poul Henningsen hängt. Aufgrund solcher Liebe zum Detail spricht man in Bezug auf diese Serien manchmal von »Möbelporno«. Das habe ich übrigens gegoogelt – und sofort bereut. Nicht das, was ich dachte!

Pendelleuchte Artichoke von Poul Henningsen, entworfen 1925

Der Wishbone Chair von Hans Wegner, entworfen 1949

Der Bølling-Tabletttisch von Hans Bølling, entworfen 1963

Dänemark wird so sehr mit Design in Verbindung gebracht, dass in einer Folge der Simpsons kurz vor der Landung in Dänemark im Flugzeug durchgesagt wird, wer während des Flugs Möbel entworfen und gebaut habe, solle nun bitte die letzte Lackschicht auftragen.

Wobei Design mehr ist als hübsche Stühle. Definitionsgemäß stellt Design einen Plan über die Funktionen und Funktionsweisen eines Orts oder Gegenstands dar, bevor dieser gestaltet wird. Es geht also darum, sich auszumalen, dass ein Ort oder ein Produkt anders aussehen könnte und wie sich diese Andersartigkeit auf uns auswirken würde.

Design hat Auswirkungen darauf, wie wir uns in der Stadt bewegen, welches Essen wir uns auf den Teller legen, wie wir mit unseren Lieben interagieren, ob wir mit unseren Nachbarn gemeinsam zu Abend essen, wie zufrieden wir uns bei der Arbeit fühlen und was wir mit der uns zur Verfügung stehenden Zeit anstellen. Kurz gesagt: Design beeinflusst unsere gesamte Lebensstruktur und -qualität.

Dieser humanistische Denkansatz bildet das Fundament des dänischen Designs. Es ist ein Design für die Menschen und hat den Anspruch, funktionelle Qualitätsprodukte für jedermann zu erschaffen. Produkte, die sich auch durchschnittliche Arbeitnehmende leisten können. Dänisches Design zeichnet sich durch eine Kombination aus Schlichtheit, Funktionalität, Nachhaltigkeit, Qualität, Benutzerfreundlichkeit und Ästhetik aus. Und es hat immer schon viele Bereiche umfasst. Wichtiger Bestandteil ist zum Beispiel die Architektur. Typischerweise gestalten Architekten nicht nur das Gebäude, sondern auch die komplette Innenausstattung – von Möbeln, die zum Gebäude passen, bis hin zum Essbesteck, das auf das Restaurant abgestimmt ist. Ein Beispiel dafür ist das SAS Hotel im Zentrum von Kopenhagen, das innen wie außen im Jahr 1960 von Arne Jacobsen designt wurde.

Beim dänischen Design dreht sich alles darum, die bestmögliche Umgebung für Gesundheit und Wohlbefinden zu kreieren. Um es mit den Worten von John Heskett zu sagen, der am Institute of Design am Illinois

Institute of Technology und der School of Design an der Polytechnischen Universität Hongkong lehrte: »Reduziert man Design auf sein eigentliches Wesen, so kann man es als die Fähigkeit des Menschen definieren, seine Umgebung auf eine in der Natur beispiellose Weise zu gestalten, um sie unseren Bedürfnissen anzupassen und unserem Leben Bedeutung zu verleihen.« Vielleicht gibt es in Dänemark nur eins, was noch wichtiger ist als Design – und das ist Hygge.

Die Bedeutung von Hygge

Hygge ist die Kunst, eine schöne Atmosphäre zu kreieren. Es geht darum, mit den Menschen zusammen zu sein, die wir lieben. Um das Gefühl, in Sicherheit zu sein, abgeschirmt von der Welt, an einem Ort, wo wir nicht wachsam sein müssen. Dort können wir endlos über die großen und kleinen Dinge des Lebens reden, in einträchtigem Schweigen zusammensitzen … oder ganz alleine eine Tasse Tee trinken. Mit anderen Worten: Hygge heißt, ein Haus in ein Zuhause zu verwandeln – in einen Ort, an dem wir Behaglichkeit und Gemeinschaft erfahren. Wenn wir es in unserem Zuhause hyggelig haben möchten, malen wir uns also aus, welche Art von Aktivitäten, die förderlich für unser Wohlbefinden sind, dort stattfinden sollen, und gestalten unseren Wohnraum dann so, dass wir sie ausüben können.

Es lässt sich gar nicht oft genug betonen, wie wichtig Hygge für die Dänen und die dänische Kultur ist. Die Hygge-Besessenheit ist so sehr Teil unserer DNA und unserer nationalen Identität geworden, dass die Behauptung, sich nichts aus Hygge zu machen, ein genauso gravierender gesellschaftlicher Fauxpas wäre, wie wenn ein Brite sagen würde: »Ich denke nicht, dass wir Ruhe bewahren sollten. Lass uns lieber ausflippen«, oder eine Amerikanerin: »Ich habe ein bisschen über Freiheit nachgedacht und bin zu dem Schluss gekommen, dass sie nichts für mich ist.« Ich werde nun versuchen zu zeigen, wie sehr uns Hygge am Herzen liegt.

2016 wollte der dänische Kulturminister von den Bürgern des Landes wissen: Welche sozialen Werte, Traditionen oder Bewegungen, die uns in Dänemark geprägt haben, würden Sie in eine zukünftige Gesellschaft

mitnehmen? Das war Teil einer nationalen Befragung, mithilfe derer ermittelt werden sollte, welche Werte die dänische Identität ausmachen und auch in Zukunft noch ausmachen werden. Es ging also um so etwas wie die Bestimmung eines dänischen Wertekanons. Über zweitausend Vorschläge wurden eingesandt, und das Ministerium ermittelte die zehn wichtigsten. Darunter waren der Sozialstaat, Freiheit, Vertrauen, Gleichberechtigung und ja, richtig geraten, auch Hygge.

Als die Internationale Astronomische Union 2019 ihren hundertsten Geburtstag feierte, wurde sämtlichen Mitgliedstaaten ein Himmelskörper zugeteilt, den diese taufen durften. Aus den achthundertdreißig Einsendungen in Dänemark wurden fünf mögliche Kandidaten ausgewählt, und einer davon war Hygge. (Gewonnen hat Muspellsheim, in der nordischen Mythologie der Ort des Feuers, der vom Feuerriesen Surt bewacht wird. Zugegebenermaßen ein kleines bisschen cooler als Kakao bei Kerzenschein.)

In Dänemark kann man sogar zum Thema Hygge promovieren. Der Erste, der das tat, war Jeppe Linnet, und nein, er hat nicht drei Jahre lang untersucht, wie viele Zimtschnecken wir idealerweise am Tag verdrücken sollten. (Das fand er bereits nach sechs Monaten heraus.) Jeppe unternahm umfassende Feldforschungen dazu, welche Beziehung die Dänen zu ihrem Zuhause pflegen und welchen Einfluss Hygge auf Gastfreundschaft sowie Essen und Trinken hat. Ihm zufolge handelt es sich bei Hygge um das Erleben wohliger Behaglichkeit, um das Genießen des Augenblicks. Es geht hierbei um eine bestimmte Atmosphäre, die von der Art des Beisammenseins, der Stimmung, die währenddessen herrscht, und der Ausstrahlung eines Zimmers hervorgerufen wird.
Für das Gefühl von Hygge ist die physische Umgebung enorm wichtig. Der Raum muss atmosphärisch sein.

Für die Dänen stellt das Zuhause das Hygge-Hauptquartier dar. Dort sammeln wir nicht nur neue Kräfte und entspannen uns, sondern dort zelebrieren wir auch Geselligkeit. Während sich das soziale Leben in

DIE ZEHN WERTE
VEREINSLEBEN UND EHREN-AMTLICHES ENGAGEMENT
EIN FUNKTIO-NIERENDER WOHLFAHRTS-STAAT
FREIHEIT
VER-TRAUEN
GLEICHHEIT VOR DEM GESETZ
GLEICHBE-RECHTIGUNG VON MANN UND FRAU
DIE DÄNISCHE SPRACHE
DAS CHRISTLICHE KULTURERBE
HYGGE
AUFGE-SCHLOSSEN-HEIT/ TOLERANZ

anderen Ländern vorwiegend in Bars, Restaurants und Cafés abspielt, bevorzugen die Dänen *hjemmehygge* (Hygge daheim). Das mag daran liegen, dass das Ausgehen in Dänemark ein relativ teures Vergnügen ist, oder daran, dass die Dänen ein recht introvertiertes Völkchen sind und sich in den eigenen vier Wänden schlichtweg wohler fühlen. Einen introvertierten Dänen kann man übrigens ganz leicht von einem extrovertierten unterscheiden: Der Introvertierte schaut auf seine Schuhe, der Extrovertierte auf die seines Gegenübers. Wir sind schon eine Nation schweigsamer Nordmänner und -frauen.

Zusammen mit unserer Begeisterung für Design macht uns das zu einer Nation introvertierter Stubenhocker, die Hygge als Nationalsport betreiben. Als Corona zuschlug und wir von der Regierung gebeten wurden, Menschenansammlungen zu meiden, daheim zu bleiben und uns dort mit so wenigen Leuten wie möglich die Zeit zu vertreiben, dachten wir Dänen so: »Das kriegen wir hin. Das haben wir ein Leben lang geübt!«

Unlängst hat sich Hygge allerdings zum globalen Phänomen entwickelt. Der World Happiness Report listet Jahr für Jahr die glücklichsten Länder der Erde auf, wobei die fünf nordischen Länder – Dänemark, Schweden, Norwegen, Finnland und Island – für gewöhnlich auf den ersten Plätzen rangieren. Dadurch wuchs das weltweite Interesse an Kultur und Lebensweise der skandinavischen Länder und eben auch an Hygge.

Wenn du auf Amazon nach Büchern über Hygge suchst, erzielst du über fünfhundert Treffer. Eins dieser Bücher habe ich geschrieben. Es wurde in mehr als fünfunddreißig Sprachen übersetzt, und mittlerweile wurden mehr als eine Million Exemplare verkauft. In Dänemark losgesegelt, ist es inzwischen überall auf der Welt an Land gegangen. Es hat sich zu einer Art zweiter Wikingerinvasion entwickelt – doch diesmal sind die Hygge-Horden mit Decken und heißer Schokolade bewaffnet.

Natürlich waren die Dänen schon vor der Verbreitung des Worts »Hygge« nicht die Einzigen, die die Freuden guter Gesellschaft bei einem Glas Glühwein vor dem Kamin zu schätzen wussten. Wie schrieb Shakespeare doch in *Romeo und Julia* so schön: »Was ist ein Name? Was uns Rose heißt, wie es auch hieße, würde lieblich duften.« Dänemark hat kein Monopol auf Hygge.

Ich muss oft an einen Brief denken, den ich nach der Veröffentlichung meines ersten Buches erhielt. Er stammte von einer Französin und Mutter zweier Kinder, die das Gefühl von Hygge kannte, es aber bislang nicht hatte in Worte fassen können. »Hygge hat schon immer zu meinem Leben gehört«, schrieb sie, »ich wusste nur nicht, dass es ein Wort für dieses Gefühl gibt. Wenn ich es mir mit meinen Kindern auf dem Sofa bei Tee und Keksen gemütlich mache und den halben Tag so verbringe, hätte ich das früher einen faulen Nachmittag genannt. Heute nenne ich es einen Hygge-Nachmittag.« Das machte mich glücklich: Dank der Einführung eines Worts, eines Konzepts, eines Gefühls wurde ein Zeitvertreib, der einfach nur schön ist und den Kindern ein Gefühl von Liebe und Geborgenheit schenkt, von seinem schlechten Image befreit. Eine Rose mag mit jedem anderen Namen genauso lieblich duften – aber das Wort Hygge fühlt sich einfach besser an.

Es macht mich unendlich froh, wenn ich sehe, wie viele Menschen Hygge mit offenen Armen empfangen haben. Ich finde, wir alle können mehr Beisammensein, Wärme, Entspannung und einfache Freuden in unserem Leben gebrauchen. Nicht nur die Dänen, sondern alle Menschen. Und ich finde, wir alle haben außerdem ein Hygge-Zuhause verdient, in dem wir uns selbst in unruhigen Zeiten glücklich fühlen können. In unserer eigenen kleinen Welt beherrschen wir das Universum. Und wenn wir zu Hause Glück und Zufriedenheit erfahren, sind wir womöglich eher in der Lage, für eine bessere Welt zu kämpfen.

Hygge und das Glück

Glücklicherweise scheint Hygge die Menschen jenseits kultureller und geografischer Grenzen zusammenbringen zu können. Manchmal braucht es sogar nicht mehr als eine Kerze, um am Esstisch ein Gefühl von Hygge entstehen zu lassen.

»Nachdem ich etwas über Hygge gelesen hatte, bin ich raus und habe zwei Kerzenleuchter gekauft, die wir von da an beim Abendessen anzündeten«, schrieb mir einer meiner Leser. Er und seine Frau haben drei Söhne: achtzehnjährige Zwillinge und einen Fünfzehnjährigen. Am Anfang zogen ihn die Jungs damit auf. »Was soll die Romantik, Papa? Willst du mit Mama allein essen?« Doch schon bald konnte er kleine Veränderungen feststellen, wenn sie zu Tisch saßen. Die Zeit schien langsamer zu vergehen, und die Teenager wurden gesprächiger. Bei der neuen Atmosphäre bekamen sie Lust aufs Erzählen. »Sie schaufeln jetzt das Essen nicht mehr einfach nur in sich hinein, sondern trinken schlückchenweise ihren Wein und erzählen uns von ihrem Tag.« Dank dieser einfachen Veränderung geht es beim Abendessen nicht mehr nur um die Nahrungsaufnahme – es geht um Hygge. Und inzwischen sind die Jungs diejenigen, die die Kerzen anzünden.

Eine kleine Änderung des Designs zeigte also eine große Wirkung. Ein neues Gestaltungselement beim Abendessen veränderte die zwischenmenschliche Interaktion. Das brachte mich zum Nachdenken. Wenn eine kleine Neuerung wie eine Kerze eine so große Wirkung entfalten kann, welche Hygge-Hacks in Sachen Einrichtung gibt es sonst noch? Wie müssen Räumlichkeiten und Orte aussehen, damit sie sich positiv auf unser Wohlbefinden auswirken? Wie verbessern wir mithilfe

von Architektur, Beleuchtung, Möbeln und Deko unsere Lebensqualität? Lässt sich Glück designen?

Vielleicht hast du selbst bereits erlebt, wie die Atmosphäre eines Ortes deine Stimmung beeinflusst. Vielleicht hast du auch schon mal einen Raum betreten und wolltest direkt dort bleiben. Das mag am warmen Sonnenlicht gelegen haben, das durch die Fenster schien, an den Bücherregalen, die du dir gerne näher angeschaut hättest, oder daran, dass du dich einfach irgendwie zu Hause gefühlt hast.

Warum du dich so gefühlt hast – das herauszufinden ist mein Job. Ich untersuche, was Menschen glücklich macht und wie wir unsere Lebensqualität verbessern. Vor einem Jahrzehnt habe ich in Kopenhagen das Institut für Glücksforschung gegründet. Dieser Name lässt an einen magischen Ort denken, ich weiß. Die Leute glauben, wir würden den ganzen Tag lang nur mit Welpen und Luftballons spielen und dabei Eiscreme essen. Leider muss ich diesen Traum zerplatzen lassen – Verzeihung –, das tun wir nämlich ausschließlich mittwochs. In Wahrheit wenden wir wissenschaftliche Methoden an, um dem Glück auf die Spur zu kommen. Unsere Studien finden über mehrere Jahre hinweg statt, wir arbeiten mit gigantischen Datensätzen und versuchen herauszufinden, warum manche Menschen glücklicher sind als andere.

In den vergangenen zehn Jahren hat das Institut für Glücksforschung untersucht, wie Räumlichkeiten und Orte unser Wohlbefinden beeinflussen. Ich wurde immer neugieriger, wie unser Zuhause und unsere Zufriedenheit zusammenhängen, und mir ist immer bewusster geworden, dass unsere physische Umgebung und unsere Emotionen miteinander verknüpft sind.

Dabei hat sowohl Berufliches als auch Privates meine Neugier angestachelt. Am Institut versuchen mein Team und ich stets, basierend auf den von uns generierten Daten Fragen zu beantworten. Zum Beispiel: Was sollten wir bei der Planung unserer Gesellschaft, unserer Städte, unserer Büros, unserer Wohnungen und unseres Lebens anders machen?

Unsere Forschung liefert unfassbar viele Erkenntnisse darüber, wie wir unsere Umgebung idealerweise gestalten, und diese werde ich in diesem Buch mit euch teilen.

Während ich die Forschungsergebnisse analysierte, wollte auch ich meine persönliche Lebensqualität mithilfe eines neuen Zuhauses verbessern. Ich habe schon in über zwanzig verschiedenen Wohnungen gelebt. In der einen Bleibe gefiel mir unglaublich gut, wie die Sonne durch die Fenster schien, in einer anderen hatte mein Zimmer nicht einmal ein Fenster. Ein Apartment lag in einer kleinen spanischen Gemeinde, ein anderes in der zweitgrößten Stadt Mexikos. In der einen Wohnung hauste ich nach einer schlimmen Trennung mit einer Matratze und einem Fernseher auf dem Boden (ich nannte die Einrichtung »Skandinavischer Minimalismus auf Steroiden«), und dann gibt es da noch mein winziges Häuschen auf der Insel Bornholm, von wo aus ich das Meer sehe und weiß, dass alles gut wird.

Doch als das Coronavirus zuschlug, fanden meine Freundin und ich uns in einer kleinen Wohnung ohne Balkon wieder. Was für ein Spaß! Eines Morgens während der Pandemie wachte ich also übellaunig auf. (Glücksforscher sind auch nur Menschen, musst du wissen.) Noch vor meinem Morgenkaffee prasselten weitere schlechte Nachrichten auf mich ein. Die Corona-Fallzahlen stiegen, und in Dänemark war leider ein mutiertes Virus von Nerzen auf den Menschen übergesprungen, was möglicherweise dazu führen würde, dass die Welt bei der Suche nach einem Impfstoff zurück an den Anfang katapultiert wurde.

Ähnlich wie das von Millionen anderer Menschen war auch mein Leben von der Pandemie betroffen. Das Institut für Glücksforschung ist weltweit tätig, doch da so viele Flugzeuge am Boden und so viele Projekte im Ungewissen blieben wie nie zuvor, ließen sich Studien kaum durchführen. Es ist eben schwierig, Ideen für eine kleine österreichische Gemeinde zu entwickeln, wenn man das Land nicht verlassen darf. Außerdem ist unser neues Happiness Museum in den leeren Straßen von

Kopenhagen eröffnet worden. In meinem Privatleben habe ich die Treffen mit Freunden und der Familie vermisst. Und ich habe es vermisst, mir keine Sorgen über … na ja, einfach alles zu machen.

An jenem Morgen schimpfte ich also gerade über Nerze und Mutationen, als mir meine Freundin ins Wort fiel. »Virusmutationen liegen außerhalb deiner Macht. Konzentriere dich lieber auf das, was in deiner Macht steht.« Die Geschehnisse, die uns beeinflussen, haben wir oft nicht in der Hand, die Art und Weise, wie wir damit umgehen, allerdings schon. Auch wenn wir in unruhigen Zeiten leben, können wir unser Zuhause in einen glücklichen Ort verwandeln. An jenem Abend waren wir beispielsweise imstande, ein schönes Abendessen bei Kerzenschein mit unserem Lieblingsgericht und tiefer gehenden und lustigen Gesprächen zu zelebrieren, bei dem ich meine morgendliche Schimpftirade schnell vergaß.

Ein geschützter Raum

Unser Zuhause ist der Ort, über den wir die Kontrolle haben, an dem wir uns sicher und behaglich fühlen.

Unser Zuhause ist der Ort, an dem wir mit unseren Lieben beisammen sind und nicht mehr länger auf der Hut sein müssen.

Unser Zuhause ist der Ort, an dem wir neue Energie tanken, um es wieder mit der Welt aufnehmen zu können.

In dieser Welt, die uns immer unruhiger und chaotischer erscheint, die uns ständig mehr Aufmerksamkeit abverlangt und zunehmend stressiger wird, ist unser Zuhause der Ort, an dem wir uns von allem abschirmen und in Sicherheit bringen können. Vielleicht ist das der Grund dafür, dass unsere Sprache mit Ausdrücken für die Liebe zum eigenen Zuhause übersät ist. Eigner Herd ist Goldes wert. Trautes Heim, Glück allein. Zu Hause ist es immer noch am schönsten. Oder, um es mit den Worten von Laura Ingalls Wilder, der Autorin von *Unsere kleine Farm*, zu sagen: »Zuhause ist das schönste Wort, das es überhaupt gibt.«

Schon vor Corona hatten wir uns zur Innenraum-Spezies entwickelt. Studien zufolge verbringen wir etwa neunzig Prozent unserer Zeit drinnen, und nirgendwo sonst halten wir uns länger auf als zu Hause. Im Rahmen des National Human Activity Pattern Survey wurden in den USA in den Jahren 1992–1994 9.386 Menschen befragt, wo sie ihre Zeit verbrachten. (Siehe Schaubild S. 28.) Und die Aktivitäten zu Hause haben inzwischen sogar noch zugenommen! Der Großteil unseres Lebens spielt sich in unseren eigenen vier Wänden ab. Doch wie sich unser Zuhause auf unser Wohlbefinden auswirkt, ist weitgehend unerforscht.

WO WIR UNSERE ZEIT VERBRINGEN

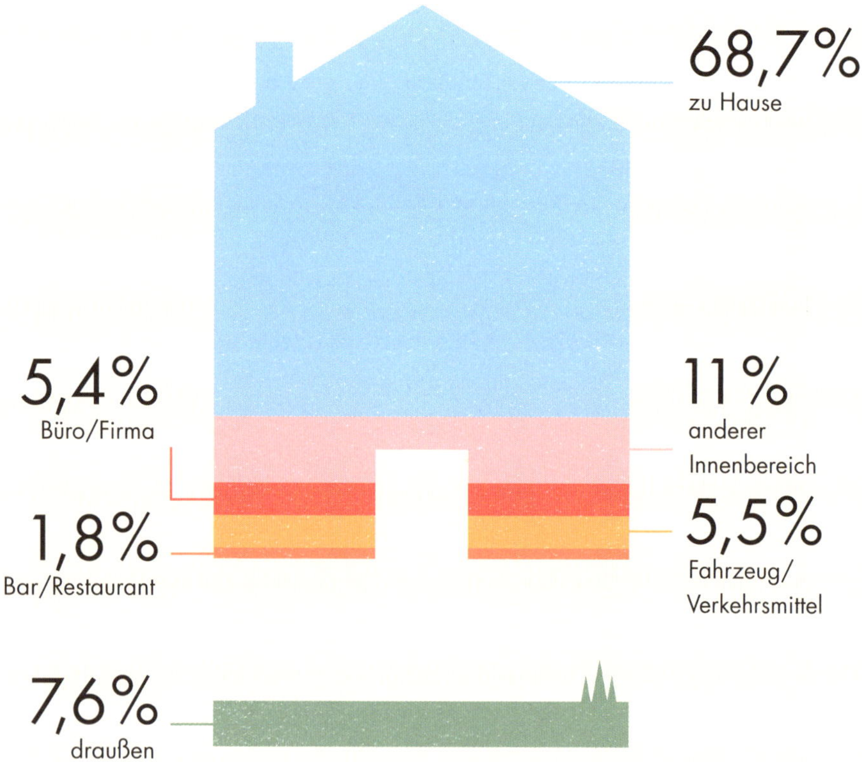

Bislang beschäftigen sich die meisten Untersuchungen damit, wie Design und Beschaffenheit der bebauten Umgebung die körperliche Gesundheit beeinflussen. Seit Kurzem aber wächst das Bewusstsein für die Bedeutung des geistigen und sozialen Wohlbefindens – und dadurch auch das Bewusstsein dafür, welchen Einfluss die physische Umgebung auf unsere Gefühle und unseren Umgang mit anderen hat.

Die meisten Menschen ziehen das natürliche Licht dem künstlichen vor. Ein Fenster ist uns am Arbeitsplatz lieber als rein künstliche Beleuchtung. Wir schauen lieber auf Bäume als auf Backsteine. Und diese Vorlieben sind nicht nur ästhetischer Natur, sondern stehen in direktem Zusammenhang mit unserer mentalen Gesundheit. Eine groß angelegte europäische Studie über den Zusammenhang zwischen Wohnverhältnissen und Gesundheit hat ergeben, dass mangelndes Tageslicht das Risiko der Bewohner, an einer Depression zu erkranken, um sechzig Prozent erhöht, eine unschöne Aussicht um immerhin vierzig Prozent. Trotzdem wird bei Bauprojekten kaum auf diese Gestaltungselemente geachtet.

Zum Glück erleben wir gerade eine Rückkehr zu einem Gesundheitsbegriff, wie ihn die Weltgesundheitsorganisation (WHO) im Jahr 1948 definierte: »Gesundheit ist der Zustand vollständigen körperlichen, seelischen und sozialen Wohlbefindens und nicht nur das Freisein von Krankheit oder Gebrechen.« Unsere Wohnungen, unsere Arbeitsplätze und unsere Städte sollten Orte sein, die nicht nur unsere körperliche Gesundheit gewährleisten, sondern auch unser mentales und soziales Wohlbefinden, was genauso wichtig ist. Was wäre also, wenn wir einen Zufluchtsort bauen würden, der nicht nur für unsere körperliche Sicherheit sorgt, sondern uns auch mental und sozial aufblühen lässt? Was, wenn wir mithilfe von Wohnungen, die uns mehr Kraft spenden und uns glücklicher machen, innigere Gespräche und stabilere Beziehungen ermöglichen?

Mir ist klar geworden: Bei unserer Suche nach dem Glück fassen wir so viele Orte ins Auge, dass wir womöglich blind geworden sind für das, was wir direkt vor der Nase haben.

2018 tat sich das Institut für Glücksforschung mit Kingfisher (dem mehrere europäische Baumarkt-Ketten gehören) zusammen, um zu untersuchen, was ein glückliches Zuhause ausmacht. Wir befragten 13.480 Menschen aus zehn verschiedenen Ländern, wie glücklich sie im Allgemeinen und wie glücklich sie mit ihrer Wohnung sind (siehe Seite 31).

Wir fanden heraus, dass sich dreiundsiebzig Prozent derjenigen, die mit ihrer Wohnung glücklich waren, auch generell glücklich fühlten. Noch wichtiger ist allerdings die Beobachtung, dass sich fünfzehn Prozent der Teilnehmenden ihr allgemeines Glücksgefühl mit ihrem Zuhause beziehungsweise mit der Zufriedenheit mit ihrem Zuhause erklärten. Fünfzehn Prozent klingt eher wenig, aber das ändert sich, wenn wir uns anschauen, wie viele unterschiedliche Faktoren Einfluss auf unser Glücksempfinden haben: unsere Beziehungen (Verheiratete sind im Allgemeinen glücklicher), unsere Gesundheit (insbesondere die mentale), unsere Arbeit (entscheidend ist ein Gefühl von Sinnhaftigkeit), unser Alter (Mitte vierzig sind wir meist am unglücklichsten) und so weiter. Bei so vielen Faktoren muss etwas schon sehr häufig vorkommen, damit es ins Gewicht fällt. Fünfzehn Prozent sind also eine ganze Menge.

Eine der größten dänischen Stiftungen, Realdania, die es sich zum Ziel gesetzt hat, die menschliche Lebensqualität mithilfe von Architektur und der gebauten Umwelt zu verbessern, hat im Rahmen einer Studie ebenfalls etwas Interessantes herausgefunden: Lediglich 7,5 Prozent der Teilnehmenden gaben an, ihr Zuhause habe keinen oder kaum Einfluss auf ihre Lebensqualität. Und wenn wir älter werden, wird uns unsere Bleibe sogar noch wichtiger, auch das hat diese Studie ergeben. Wir müssen unbedingt beherzigen, dass die physische Umgebung das menschliche Wohlbefinden positiv beeinflussen kann. Dass wir unsere Lebensqualität verbessern können, indem wir unsere Umgebung verändern – dass wir mithilfe von Design das Glück einladen können. Oder, frei nach Winston Churchill: Wir formen unsere Wohnung, danach formt sie uns. Sie wirkt sich definitiv auf unsere Gefühle und unser Verhalten aus.

WAS TRÄGT AM MEISTEN ZU DEINEM GLÜCK BEI?

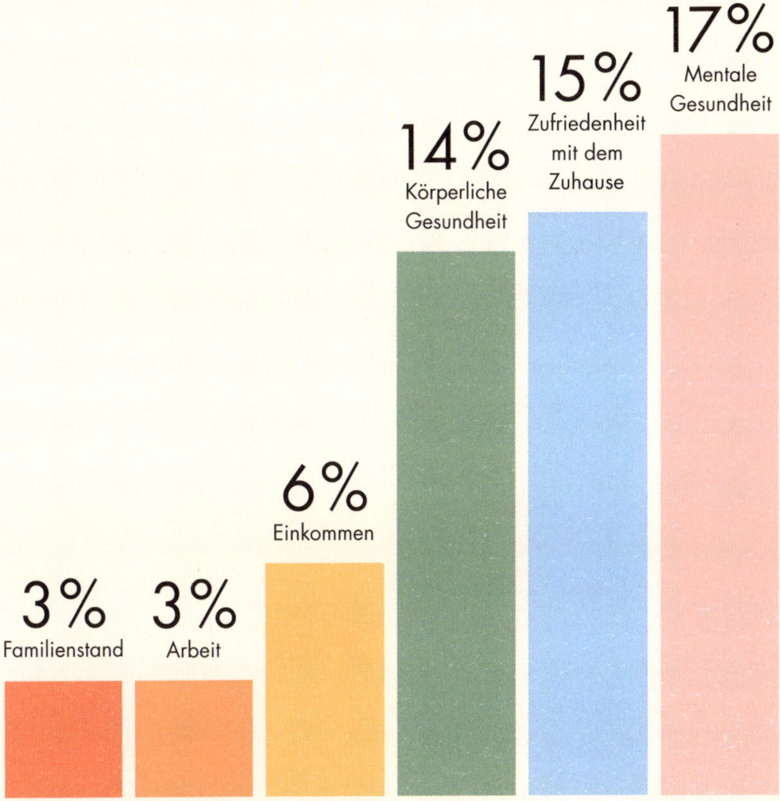

CHECKLISTE FÜR EINE ARCHITEKTUR DES GLÜCKS

- ❑ Beobachte an verschiedenen Orten, welche Gefühle in dir ausgelöst werden. Welche Elemente einer Umgebung lassen dich entspannen und vermitteln dir das Gefühl, zu Hause zu sein? Was könntest du dir davon abschauen und bei dir nachmachen?
- ❑ Überlege, wie viel Zeit du in unterschiedlichen Innenräumen verbringst und wie ihr Design und ihre Einrichtung dein Verhalten beeinflussen.
- ❑ Denke daran, dass selbst kleine Änderungen in der Gestaltung eine große Wirkung entfalten können. Tausche die Lampen aus, oder zünde beim Abendessen Kerzen an. Fang ruhig erst mal klein an.

KAPITEL

2

HYGGE, EIN PERFEKTER ABEND ZU HAUSE

Es heißt, in Dänemark habe das Jahr dreizehn Monate: Januar, Februar, März, April, Mai, Juni, Juli, August, September, Oktober, November, November und Dezember.

Momentan haben wir November in Kopenhagen. Es ist also windig, dunkel und nass. Der Dreikampf des miesen Wetters sozusagen. Der Regen prasselt gegen die Fenster, und man spürt, wie der Wind mit dem Gebäude kämpft. In der Küche köchelt eine Suppe vor sich hin, und der Duft des Brots im Ofen verrät mir, dass es bald fertig gebacken sein wird. Ich schaue mir die Wettervorhersage an, die mich wissen lässt, dass Regen und Wind noch ein paar Tage andauern werden. Ich werfe einen Blick in den Kühlschrank und stelle fest, dass ich erst einmal nicht einkaufen gehen muss. Ich habe den Abend für mich allein, doch Nina Simone leistet mir Gesellschaft, und wir sind beide gut drauf. Jane Austen hat es vielleicht am treffendsten formuliert: »Es gibt nichts Behaglicheres, als einfach zu Hause zu bleiben.«

Hygge heißt, am Lagerfeuer zusammenzurücken. Hygge heißt, es sich an seinem Zufluchtsort gemütlich zu machen, wenn draußen ein Sturm tobt oder der Winter gekommen ist. Vielleicht ist das der Grund dafür, dass manche Menschen ein größeres Bedürfnis nach einem hyggeligen Heim haben als andere.

Hygge – ein Gemütszustand des Nordens?

Wenn wir uns anschauen, in welchen US-Staaten der Begriff »Hygge« am meisten gegoogelt wird, lässt sich ein interessantes Muster erkennen: Die ersten fünf Plätze werden ausschließlich von nördlichen Staaten belegt, nämlich Vermont, Minnesota, Maine, Oregon und Washington, während auf den letzten fünf Plätzen südliche Staaten rangieren, nämlich Mississippi, Louisiana, Alabama, Hawaii und Florida.

Auch global betrachtet ist dieses Muster erkennbar. Dänemark, Finnland und Norwegen googeln »Hygge« am meisten, Mexiko, Indonesien und Indien am wenigsten.

Wer sich weit weg vom Äquator befindet, ist Hygge also näher – oder besser gesagt: hat Hygge also nötiger. Womöglich treiben uns die dunklen, kalten Wintermonate in den Hygge-Winterschlaf. Wenn die Dunkelheit auf uns herabsinkt, suchen wir drinnen Zuflucht, zünden die Kerzen an, holen die Decken hervor und lassen das Seelenfutter auf dem Ofen köcheln. Vielleicht ist Hygge eine Notwendigkeit des Nordens – oder zumindest ein Gemütszustand des Nordens.

Was wissen die Dänen über Vermont? Sie kennen zwei Dinge: Cheddarkäse und Ben-and-Jerry's-Eis. Klingt in meinen Ohren ganz schön hyggelig. Ich sehe einen neuen Slogan auf den Kennzeichenhaltern vor mir: Vermont – the hygge state.

HÄUFIGKEIT VON GOOGLE-SUCHEN NACH »HYGGE« IN DEN USA

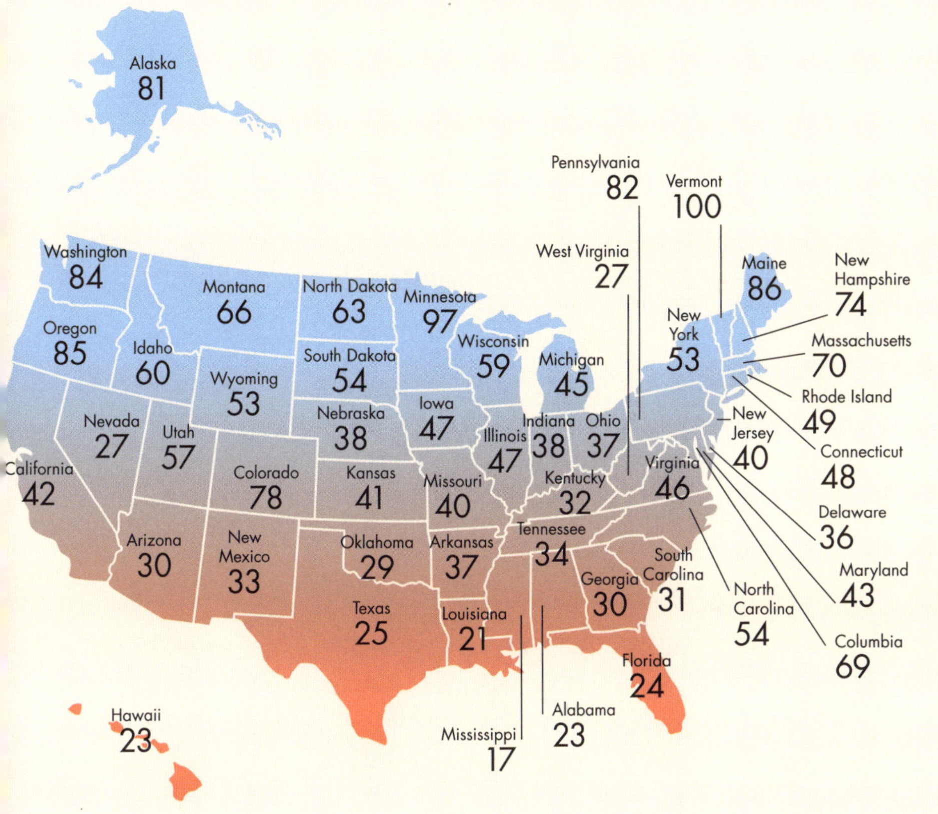

Die Werte werden auf einer Skala von 0 bis 100 abgebildet. Je größer die Zahl, desto häufiger wurde im jeweiligen Staat im Internet nach »Hygge« gesucht.

Zuflucht finden in stürmischen Zeiten

Wir Dänen wachsen mit Hygge auf; das Wort gehört zu unserem alltäglichen Sprachgebrauch. Die Tochter meiner guten Freunde Christian und Mette ist der lebende Beweis dafür. Im Alter von anderthalb Jahren saß Ingrid eines Tages mit einer Teetasse und einem Teller voll Sand in einem kleinen Spielhaus. (Sand ist eine Köstlichkeit, wenn du achtzehn Monate alt bist! Er ist quasi der Kaviar der Kleinkinder.) Sie blickte ihre Eltern an und sagte: »Vi hygger.« Wir haben es hyggelig. »Hygger.« Sie wiederholte das Wort, spürte nach, wie es sich anfühlte. Ihr Hang zu Hygge ist offensichtlich sehr stark ausgeprägt, dachte ich und fand es interessant, dass Ingrid dieses Wort zum ersten Mal gebrauchte, während sie in einem Spielhaus saß. Sie ist nicht die Einzige, für die Geborgenheit zu einem hyggeligen Heim dazugehört.

Vor ein paar Jahren untersuchte das Institut für Glücksforschung, welche Rolle das Zuhause für das persönliche Glücksempfinden spielt. Dazu führten wir mit fünfzig Leuten an verschiedenen Orten Europas Tiefeninterviews und baten sie, uns ihre Wohnung zu zeigen. Außerdem wollten wir von ihnen wissen, was sie mit dem Wort »Zuhause« assoziierten. Dabei formte sich ein klares Bild. Ob wir mit Jane sprachen, die Mitte vierzig war und in North Wales auf dem Land wohnte, oder mit Alina, die in ihren Zwanzigern war und in Moskau lebte, oder mit Juan, der mit Ende sechzig im spanischen Jaraíz de la Vera zu Hause war – die Beschreibungen wiederholten sich.

»Zu Hause fühlen wir uns geborgen. Unser Zuhause ist unser Zufluchtsort. Unser Zuhause ist unser Allerheiligstes. Unser Zuhause ist unser Basislager – ein sicherer Hafen –, dort kommen wir wieder zu Kräften.«

»Zu Hause ist da, wo die Welt in Ordnung ist. Ein Ort, wo du die Tür hinter dir zumachen und alles draußen lassen kannst, wo du dich sicher fühlst, würde ich sagen.«

»Das Zuhause ist die Basis. Dort zieht man seine Kinder groß, dort findet man Zuflucht.«

»Das ist ein Rückzugsort von der Arbeit, ein Ort, an dem ich entspannen und abschalten kann.«

»Mein Zuhause ist da, wo ich mich sicher, geborgen und wohlfühle. Es ist schön, dorthin zurückzukehren. Es ist ein Ort, an dem mir alles vertraut ist.«

»Mein Zuhause ist mein Zufluchtsort, meine Festung. Dort fühle ich mich geborgen, bin nicht in Gefahr. Dort habe ich das Gefühl, dass keiner kommt und etwas von mir will. In diesen vier Wänden fühle ich mich sicher.«

Diese Aussagen hätten den russisch-amerikanischen Psychologen Abraham Maslow nicht überrascht. 1943 entwickelte er ein Stufenmodell menschlicher Bedürfnisse, die sogenannte Bedürfnispyramide. Maslow zufolge hängt unsere Lebenszufriedenheit davon ab, ob diese Bedürfnisse befriedigt werden. Und unser Zuhause würde einen Ehrenplatz in seiner Pyramide einnehmen.

Unser Zuhause kann uns dabei helfen, die elementaren Bedürfnisse nach Sicherheit und Geborgenheit zu befriedigen. Unsere Wohnung hält uns warm und bietet uns einen sicheren Schlafplatz, wodurch unsere Grundbedürfnisse erfüllt werden. In den nachfolgenden Kapiteln untersuchen wir, wie unsere Wohnung dazu beitragen kann, die oberen Stufen der Pyramide zu erreichen, angefangen bei der Gemeinschaft mit anderen Menschen bis hin zur Ausschöpfung unseres vollen Potenzials.

Doch auch innerhalb der eigenen vier Wände scheinen uns manche Plätze mehr Schutz und Geborgenheit zu schenken als andere.

DIE MASLOW'SCHE BEDÜRFNISPYRAMIDE

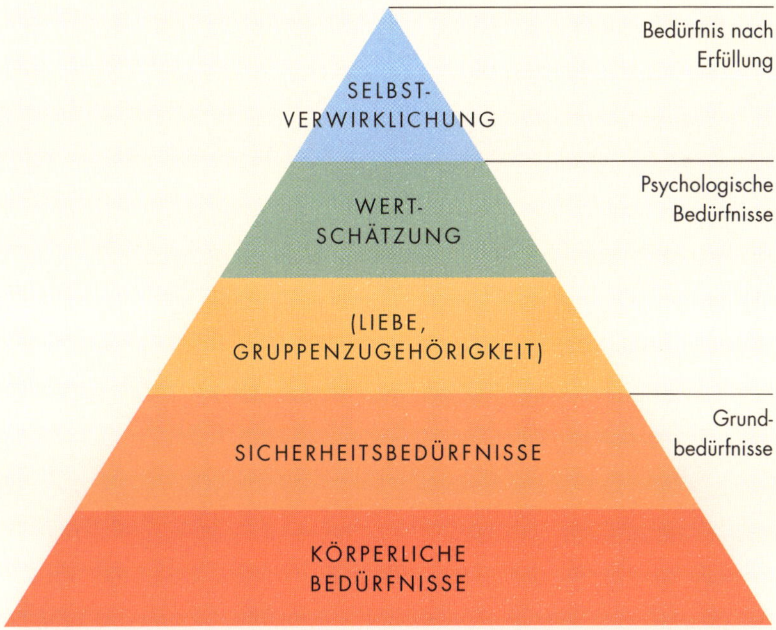

Sind Ecken hyggelig?

Ich schreibe diese Worte, während ich in meinem Lieblingsstuhl sitze. Es ist ein kühler Novembermorgen in Kopenhagen, der Himmel ist blau, und die Sonne scheint durch das Fenster zu meiner Rechten. Zu meiner Linken steht eine grüne Couch, direkt hinter mir eine Pflanze und ein kleines Bücherregal. Ich sitze in der Zimmerecke und blicke auf drei Türen, ein Klavier und einen Esstisch.

Ich weiß nicht genau, warum ich mir immer den wikingersicheren Stuhl aussuche. Was ich wohl weiß, ist, dass ich nicht der Einzige bin, der am liebsten mit dem Rücken zur Wand sitzt – idealerweise in der Ecke, damit ich das gesamte Zimmer im Blick habe. Viele empfinden das als erstklassige Lage. Die Frage lautet also: Warum fühlen wir uns dort so wohl? Warum haben wir die Wand gern im Rücken? Weil uns das ein Gefühl von Sicherheit und Geborgenheit gibt? Sind Ecken hyggelig?

Ein Versuch, unsere Liebe für Nischen zu erklären, ist die »Aussicht-und-Zuflucht«-Theorie, die der englische Geograf Jay Appleton in *The Experience of Landscape* im Jahr 1975 aufgestellt hat. Sie besagt, dass wir bei der Wahl eines Sitzplatzes oder Aufenthaltsorts darauf achten, alles zu sehen, ohne selbst gesehen zu werden. Auf einem Hügel und gleichzeitig vor einem Baum zu stehen bietet genau das: Aussicht und Zuflucht. Das Hocken in einer Höhlenöffnung genauso – niemand kann uns von hinten angreifen, und wir sehen, ob jemand im Anmarsch ist. Für Maslow kam das Sicherheitsbedürfnis an zweiter Stelle, gleich nach unserem ersten Grundbedürfnis nach einem Zufluchtsort.

Stell dir einmal eine weitläufige Grünfläche vor, die seitlich von Gebäuden flankiert ist. Du könntest mitten darauf Platz nehmen, ohne jeglichen Schutz. Alle könnten dich von ihrer Wohnung aus sehen, aber du sie nicht. Klingt das hyggelig? Nein, genau.

Die meisten Menschen vermeiden es, irgendwo in der Mitte zu sitzen, und hocken sich lieber an den Rand. Anders wäre es, wenn in der Mitte kleine Schlupfwinkel und Nischen angelegt wären. Das ließe sich zum Beispiel dadurch erreichen, dass man auf der riesigen Grünfläche mehrere Hecken in einem Halbkreis pflanzt, dann würde man dort gerne Platz nehmen. So wie ich in meinem Lieblingsstuhl. »Wikingersicher« nenne ich ihn, weil ich dort beim Arbeiten das gute Gefühl habe, dass sich keine Angreifer von hinten anschleichen können. Nicht dass diese Möglichkeit realistisch bestünde, aber es ist nun mal ein menschlicher Instinkt, für den eigenen Schutz zu sorgen.

Was auch der Grund dafür sein mag, dass die wichtige Erkenntnis lautet, dass wir Zufluchtsorte brauchen, wo wir zu uns kommen und Energie tanken können. Ob wir zu den introvertierten Menschen zählen oder nicht. Zu einem hyggeligen Heim gehören also wikingersichere Orte. Das gilt ebenso fürs Wohnzimmer – besonders, wenn es einen großflächigen, offenen Grundriss hat – wie fürs Kinderzimmer, und auch für den Garten, falls du einen hast. Kreiere Höhlen und Schlupfwinkel, damit wir Introvertierten es uns dort mit unserem Buch und unserer Tasse Kaffee gemütlich machen können.

Ein Lernschwerpunkt sollte sein, uns manches von der Welt außerhalb unserer Wohnung abzuschauen, mit dem wir die Lebensqualität innerhalb unserer Wohnung verbessern können. Besuchen wir dazu einige meiner persönlichen Helden.

Das Hygge-Maß

Er arbeitete als Architekt, sie als Psychologin. Nein, das ist nicht der Anfang eines Songs von Avril Lavigne, sondern die Geschichte, wie ein Paar den Menschen ins Zentrum der Architektur rückte.

Ich erinnere mich noch an meine erste Begegnung mit Jan Gehl. »Es war meine Frau Ingrid«, sagte er. (Hinweis: Nicht alle dänischen Frauen heißen Ingrid.) »Sie fing an, mir Fragen zu stellen – sie ist Psychologin. Sie interessierte sich mehr für Menschen als für Ziegelsteine.« Und sie beobachtete skeptisch, was in der Architektur vor sich ging.

»Warum interessiert ihr Architekten euch nicht für die Menschen? Warum wird euch im Studium nichts über Menschen beigebracht? Warum fragt ihr euch nicht, wie sich das, was ihr baut, auf die Gefühle der Menschen auswirkt?« Diese simplen Fragen legten den Grundstein für eine inzwischen über sechzig Jahre andauernde Karriere, in der Jan Gehl lebenswerte Städte rund um den Globus erschaffen hat. Er leistete Pionierarbeit, indem er die Frage »Wie müssen Städte aussehen, damit sich die Bewohner in ihrem Alltag glücklicher fühlen?« zu beantworten versuchte.

Als Gehl 1960 von der Fakultät für Architektur der Königlich Dänischen Kunstakademie abging, war der Modernismus groß in Mode. Dieser funktionalistische Denkansatz teilte die Städte fein säuberlich in unterschiedliche Zonen ein: in Geschäfts-, Wohn-, Industrie- sowie Freizeit- und Kulturgebiete. Die Stadtplanung fand aus der Vogelperspektive, also von oben betrachtet, statt. Fotos der Gebäude wurden ganz frühmorgens geschossen – damit bloß kein Mensch darauf zu sehen war, der die Betrachtenden von den wunderbaren architektonischen Formen ablenkte.

In demselben Jahr, in dem Jan von der Universität abging, wurde Brasília, die neue Hauptstadt Brasiliens, eingeweiht. Sie war buchstäblich aus dem Nichts erschaffen worden, von einem Blickwinkel hoch über der Stadt aus und entlang einer Achse, um dem Ganzen etwas Monumentales zu verleihen. Von oben betrachtet sieht die Stadt wie ein Vogel aus. So ist Brasilia vielleicht etwas fürs Auge, aber macht sie das auch lebenswert? Jan zufolge nicht. Für ihn handelt es sich dabei um »birdshit architecture«. Die Straßen sind für Autos geplant worden, nicht für Menschen. Keiner hat sich gefragt, wie es sich anfühlt, in einer Stadt zu leben, in der alle im gleichen Gebiet wohnen und in das gleiche Gebiet am anderen Ende der Stadt zur Arbeit pendeln. Keiner hat sich gefragt, wie man sich in einem so monumentalen Gefüge fühlt, wenn man nicht zwei Meter groß ist.

Zwischen den Sozialwissenschaften und der Architektur klafft bis heute eine Lücke. Jan und Ingrid jedoch machten sich 1965 auf zu einer Studienreise nach Italien, wo sie erforschten, wie sich das öffentliche Leben im öffentlichen Raum abspielt. Wie interagieren Leben und Form miteinander? Wie beeinflusst die Gestaltung der Städte unser Verhalten und unsere Lebensqualität?

Jan und Ingrid untersuchten in einigen der ältesten Straßen und auf einigen der berühmtesten Plätze der Welt, wie die Leute den urbanen Raum nutzten. In Straßen, die für Füße und nicht für Räder entworfen worden waren, und auf Plätzen, die nicht aus der Vogelperspektive konzipiert wurden, sondern für das, was der Mensch tatsächlich im Blick hat.

Sie erfassten, wo die Leute entlanggingen und wo sie sich hinsetzten, um das Treiben um sie herum zu beobachten. Warum war eine bestimmte Bank immer als Erste besetzt? Weil wir uns gerne in einer Ecke aufhalten, von der aus wir alles überblicken können? Was genau ist an der Piazza del Campo in Siena städtebaulich so gelungen?

Wie sich herausstellte, gibt es gewisse Ähnlichkeiten zwischen den Orten, an denen sich die Menschen gerne aufhalten. Wir mögen geschützte Orte, an denen wir uns nicht nur vor dem Verkehr und vor Kriminalität, sondern auch vor Wind und Wetter sicher fühlen. Wir mögen Orte, an denen wir es bequem haben und mit anderen Menschen in Kontakt treten können, wo wir gemütlich sitzen und miteinander plaudern können. Wir mögen Orte, an denen wir uns an einer schönen Aussicht, an der Sonne oder dem Schatten erfreuen können.

Um wirklich zu verstehen, wie die Menschen auf ihr physisches Umfeld reagieren, müssen wir uns die Gegebenheiten auf einer Höhe von 140 bis 160 Zentimetern anschauen. Genau das ist nämlich die durchschnittliche menschliche Augenhöhe, von der aus die meisten die Welt betrachten. Nicht die Vogelperspektive ist entscheidend, sondern die Perspektive, aus der die Menschen den Ort nutzen. Jan nennt es das menschliche Maß.

Mit seinen fünfundachtzig Jahren hat Jan schon über sechzig Jahre lang als Architekt gearbeitet und sich dabei einer Steigerung der Lebensqualität verschrieben. Die erreicht er, indem er die Räume zwischen den Gebäuden verbessert – Plätze, Parks und Straßen. In Kopenhagen spielte Jan eine entscheidende Rolle bei der Verwandlung des berühmten Nyhavn von einem Parkplatz zu einem Flanierhafen und bei der Verwandlung des Strøget von einer Autostraße zu einer der längsten Fußgängerzonen der Welt. Beides sind Projekte, die es den Menschen ermöglichen, die Stadt ganz anders wahrzunehmen und zu genießen.

Im Jahr 2000 gründete Jan das Unternehmen Gehl Architects, das weltweit Städte bei der Planung lebenswerter Räume berät. Die Architekten bieten sozusagen eine Paartherapie für Mensch und Raum. Von Sydney und Shanghai bis hin zu San Francisco und Sao Paolo haben sie das menschliche Maß angewandt. »Wir verwenden das dänische Wort für ›kuschelig‹ – hygge – und sagen: Lass es uns schön warm und gemütlich machen«, meinte der damalige Teilhaber Riccardo Marini in einem

Interview mit dem *Guardian* 2014. »Die Nüchternen von uns wollen dem vielleicht entgegnen: ›Was soll das denn bitte bringen?‹ … Nun, es bringt eine ganze Menge, wenn wir einen Ort so konzipieren, dass die Menschen ihn gut finden und sich gern dort aufhalten.«

Zum zweiten Mal begegnete ich Jan 2009 während des UN-Klimagipfels in Kopenhagen. Damals hatte ich im Konferenzzentrum einen runden Tisch organisiert, an dem sich Stadtplaner und Entscheidungsträger darüber austauschen sollten, wie mithilfe des urbanen Designs der CO_2-Ausstoß verringert werden könnte. Um Sitzplätze für die zwanzig Teilnehmenden zu schaffen, hatte ich vier Tische zu einem riesigen Rechteck gruppiert. Als Jan auftauchte, warf er einen kurzen Blick darauf und meinte, wir sollten die Tische umstellen. »Wir müssen enger zusammensitzen – wir müssen einander gut hören und in die Augen schauen können. Das ist die Basis für einen Konsens.«

In diesem Moment wurde mir klar, dass wir einige der Prinzipien für das Leben zwischen den Gebäuden nehmen und zu Prinzipien für das Leben im Innern dieser Gebäude machen sollten. Wie das Gebäude entworfen und gestaltet wurde, hat nämlich gigantischen Einfluss darauf, was im Innern des Gebäudes geschieht. Und sowohl beim Leben, das zwischen den Gebäuden stattfinden soll, als auch beim Leben, das wir uns für das *Innere* der Gebäude wünschen, müssen wir stets das menschliche Maß im Blick haben.

Stell dir vor, du sitzt in einem hundert Quadratmeter großen Raum, in dem ein Sofa, ein Stuhl und ein Couchtisch stehen. In der Mitte des Raums hängt außerdem eine Lampe von der Decke hinab. Ansonsten ist der Raum leer. Fühlt sich das hyggelig an? Würdest du dort gern den Nachmittag verbringen und vielleicht ein Buch lesen? Wohl kaum. In einem derart spärlich möblierten Raum hat man das Gefühl, als ob etwas fehle. Minimalismus auf Steroiden ist nicht hyggelig.

Wäre der Raum kleiner, hätte die Möblierung vielleicht ausgereicht, doch den größeren Raum müsste man mit Dingen füllen, die das Auge und die übrigen Sinne ansprechen: mit Wärme, mit Texturen, mit Reiselust und Erinnerungen an vergangene Abenteuer.

Pflanzen füllen einen Raum mit Leben. Bücher laden zum Erforschen und Nachdenken ein. Teppiche und Gemälde schenken einem Raum Wärme und Textur und verwandeln den Klang von Stimmen in etwas, mit dem sich Liebende ihre Geheimnisse erzählen. Ersetze das gleichförmige Deckenlicht durch kleine »Lichthöhlen«, die dich zu den schönsten Plätzen lenken. Die Stehleuchte neben dem Sofa flüstert: »Schnapp dir ein Buch, und setz dich zu mir.« Die grüne Lampe auf dem Holzschreibtisch mit der Vintage-Schreibmaschine lädt dich ein, auf ihr zu tippen. In der Ecke schickt ein Globus deine Augen und deine Fantasie auf Reisen. Jedes dieser Elemente steigert den Hygge-Faktor des Raums und macht den Aufenthalt dort zum Vergnügen.

Egal wie viel Platz dir zu Hause zur Verfügung steht, vom menschlichen Maßstab können wir alle lernen. Schenke deinen Sinnen etwas, was ihnen Freude bereitet, und behalte im Hinterkopf, dass deine Umgebung deine Lebensweise unterstützen soll.

Beherzige das Maß der kleinen Menschen

Eine meiner Lieblingsbeschäftigungen als kleines Kind war das Höhlenbauen, entweder mithilfe von Schaufeln in der Erde oder mithilfe von Decken in meinem Zimmer. Meiner Mutter war wahrscheinlich die zweite Variante lieber. Ich nahm zwei Stühle und eine große Decke und verwandelte sie in ein hyggeliges Zelt, in dem ich als kleiner Cowboy die Nacht verbrachte.

Jan zufolge sollen wir die Stadt von einer Augenhöhe von 140 bis 160 Zentimetern aus denken. Ich persönlich meine, dass es ebenso wichtig ist, die Erfahrungswelt eines Kindes mit einzubeziehen. Also geh runter auf die Knie, und beurteile dann, wie hyggelig – oder eben auch nicht – deine Umgebung auf einem Meter Höhe ist.

Der Platz unter der Treppe könnte zum Beispiel der perfekte Hygge-Schlupfwinkel für Kinder sein, besonders wenn sie Harry-Potter-Fans sind.

Weichheit steigert den Hygge-Faktor

Vielleicht kennst du das Märchen von der Prinzessin auf der Erbse, das von dem berühmten dänischen Erzähler Hans Christian Andersen geschrieben wurde.

Es war einmal eine völlig durchnässte junge Frau, die in einer stürmischen Nacht Schutz im Schloss eines Prinzen suchte. Sie behauptete, eine Prinzessin zu sein, und die Mutter des Prinzen wollte herausfinden, ob das der Wahrheit entsprach. Deshalb platzierte sie unter den zwanzig Matratzen, die das Nachtlager der Prinzessin bildeten und auf denen zudem zwanzig Federbetten lagen, eine Erbse. Am nächsten Morgen teilte die Prinzessin ihren Gastgebern mit, dass sie eine fürchterliche Nacht gehabt habe, weil sie von irgendeinem harten Gegenstand malträtiert worden sei. Als die Mutter des Prinzen am Rücken der jungen Frau blaue Flecken erblickte, war das der Beweis dafür, dass es sich bei ihr um eine echte Prinzessin handeln musste. Das Märchen wurde 1835 zum ersten Mal veröffentlicht, doch den dänischen Kritikern missfiel es, weil ihnen die Moral fehlte.

Mir gefällt das Märchen ebenso wenig, aber die Kritik ist ungerechtfertigt. Es enthält nämlich sehr wohl eine Moral: Kissen, du Dummerchen. Du brauchst Kissen. Das ist kein Hygge-Hexenwerk. Ein anständiger Hygge-Winterschlaf verlangt nach einer weichen Polsterung.

Weiche Elemente sorgen bei dir zu Hause für eine Extraportion Gemütlichkeit. Am besten richtest du einen Platz ein, an dem sich sämtliche

Familienmitglieder – oder auch ein paar Freunde – einkuscheln können. Alles, worin du dich einwickeln und auf dem du bequem sitzen kannst, ist hyggelig. Das heißt: Kissen, Decken, Teppiche.

Frage dich bei einer Neuanschaffung einfach, ob du bei einem Sturz weich darauf landen würdest. Decken? Ja. Plastiktisch? Nein. Fellbesetzte Wikingerhelme liegen irgendwo dazwischen.

Kissen sind nicht nur fürs Sofa da, sondern damit lassen sich auch harte Stühle oder der Boden auspolstern. Denk an Oprah: Du kriegst ein Kissen! Du kriegst ein Kissen! Du kriegst ein Kissen!

SO ZIEHT DAS GLÜCK BEI DIR EIN –

Schaffe unterschiedliche Bereiche

Ob ein großes Zimmer oder eine Einzimmerwohnung, beides wird hyggeliger, wenn du es in verschiedene Bereiche unterteilst. Überlege dir, welchen unterschiedlichen Tätigkeiten und Stimmungen deine Wohnung gerecht werden soll, und kreiere Bereiche, in denen sich diese Bedürfnisse erfüllen lassen. Vielleicht einen für Essen und Geselligkeit sowie einen zum Lesen, wo du es bequem hast und dich geborgen fühlst. Hier ein paar Ideen:

1. Mit Teppichen lässt sich ein Raum wunderbar einfach unterteilen, und der weiche Stoff bringt zusätzliche Hygge-Punkte.

2. Beleuchte jeden Bereich anders, statt eine einzige Lampe mitten im Raum aufzuhängen. Falls du einen Esstisch hast, hänge die Leuchte direkt darüber auf, stelle neben dem Sofa eine Stehlampe hin, oder platziere Tischlampen im Wohnbereich.

3. Nutze Raumteiler, idealerweise lichtdurchlässige wie etwa ein offenes Regal. Auch hohe, schnell wachsende Pflanzen eignen sich gut. Sie wirken wie eine Schutzwand, hinter der du es dir hyggelig machen kannst.

4. Kreiere weiche Sitzbereiche. Falls du keinen Platz für ein ganzes Sofa hast, aber dir trotzdem eine kuschelige Leseecke wünschst, verwende Sitzsäcke, Bodenmatratzen und/oder Kissen. Damit hast du es gemütlich und bist gleichzeitig flexibel.

5. Farben helfen dir, verschiedene Stimmungen zu erzeugen. Helle Farben lassen kleinere Bereiche aufleben, ganz besonders, wenn es dort wenig natürliches Licht gibt.

Wie privat soll es sein?

Es heißt, Kartoffelrækkerne habe die höchste Dichte an Architekten in ganz Dänemark zu verzeichnen. Wörtlich übersetzt bedeutet *Kartoffelrækkerne* »die Kartoffelreihen«, was daher kommt, dass in diesem Gebiet im 18. Jahrhundert Kartoffeln für die Kopenhagener Bevölkerung angebaut wurden. Heute sehen diese elf Straßen mit ihren Reihenhäusern allerdings selbst aus wie Kartoffelbeete, wenn man sie von oben betrachtet.

An einem grauen Dezembertag statte ich einer dieser Straßen einen Besuch ab. Es liegt zwar kein Schnee, aber es ist kalt und trüb, und die Sonne hat sich schon seit Tagen nicht mehr blicken lassen. Die Kinder spielen trotzdem in den Straßen. Zwei von ihnen verkaufen aus einem Spielhaus heraus Fantasietee. Ich kaufe ihnen einen ab und bezahle mit einem Fantasiedinosaurier namens Yggdrasil. Ein super Deal.

Dieser Bereich der gebauten Umgebung ist eindeutig für die Öffentlichkeit bestimmt. Du kannst direkt hineinspazieren mit deinem Dinosaurier. Am anderen Ende des Spektrums liegt das Innere der Häuser. Das ist der private Bereich, wo die Menschen essen und schlafen, ohne dass ihnen irgendwer einen Tee andrehen möchte.

Zwischen diesen beiden Extremen liegen jedoch Grauzonen, nämlich halb öffentliche und halb private Orte. Nehmen wir zum Beispiel den Vorgarten oder den Vorhof. Dieser Ort gehört dir, trotzdem redest du mit deinen Nachbarn oder nickst Passanten zu. Anders verhält es sich mit dem Garten oder dem Hof hinter dem Haus. Dort bist du den Nachbarn genauso nah wie im Vorgarten. Sie können dich sehen, und du siehst sie. Interessanterweise aber scheint ein ungeschriebenes Gesetz zu besagen, dass man sich nicht grüßt, wenn man gleichzeitig im Garten ist. Man spricht nicht miteinander. Darin besteht für mich der Unterschied zwischen einem halb öffentlichen (Vorgarten) und einem halb privaten Bereich (Garten hinter dem Haus).

Ein hyggeliges Zuhause sollte meiner Meinung nach verschiedene Arten von Privatsphäre ermöglichen. In unserem Privatbereich wollen wir nicht zwangsläufig allein sein, aber wir wollen kontrollieren können, mit wem wir uns abgeben und mit wem nicht. Dabei geht es nicht unbedingt um vollkommene Abgeschiedenheit, sondern vielmehr darum, nicht kommunizieren zu wollen. Ja, ich bin draußen, und ja, du kannst mich sehen, dennoch möchte ich gerne für mich sein.

Wir alle brauchen einen Ort, an dem wir ganz wir selbst sein können. Manchmal sind wir im Geselligkeitsmodus, manchmal im Einsamkeitsmodus. Die Interaktion hat ihre Zeit, die innere Einkehr ebenso. Sorge dafür, dass es bei dir zu Hause für jede Stimmung einen passenden Ort gibt. Das gilt für die Bereiche im Freien ebenso wie für die im Inneren.

Lege dir einen Hygge-Vorrat an – der Winter naht

Mit sechzehn lebte ich ein Jahr lang in einer australischen Kleinstadt in New South Wales. Einen Teil der Zeit verbrachte ich auf einer Farm am Stadtrand. Nach der Schule half ich dort mit, die Pferde zu füttern und ausgebüxte Schafe einzufangen, und in den Abendstunden saßen wir vor dem Kamin. Lark Hill war eine wunderschöne Farm, doch am liebsten mochte ich die Speisekammer. Sie war eine Symphonie aus eingelegtem Gemüse und Chutneys – einmachgläser- und dosenweise gesunde Seelenstreichler, die einfach köstlich schmeckten.

In J. R. R. Tolkiens *Der Hobbit* erfahren wir gleich auf der ersten Seite, dass sich in einer Hobbithöhle alles um Behaglichkeit dreht und dass eine Speisekammer vorhanden sein muss, nein, viele Speisekammern. Dort heißt es: »Gäbe es solche nur mehr, die ein gutes Essen, einen Scherz und ein Lied höher achteten als gehortetes Gold, so wäre die Welt glücklicher.« Dem stimme ich zu. Eine gut gefüllte Speisekammer wärmt Herz und Magen.

Mögen um uns herum auch Dinge geschehen, über die wir keine Kontrolle haben: Wenn zu Hause etwas zu essen und eine gut gefüllte Speisekammer, ein gut bestückter Kühl- oder Küchenschrank auf uns warten, so können wir uns dorthin zurückziehen und uns sicher fühlen. Bei einem Schneesturm ebenso wie bei einer globalen Pandemie. Das ist Hygge. Das Auffüllen der Speisekammer für den bevorstehenden Winter hat die Menschen (und die Hobbits) überleben lassen. Seit alters her haben die Menschen das überschüssige Essen für den Winter haltbar

gemacht. Wir haben die Lebensmittel getrocknet, gesalzen und eingeweckt, haben Marmelade, Kraut und Kimchi hergestellt. Meine schönsten Kindheitserinnerungen riechen nach Holunderblüten, mit denen meine Mutter versuchte, den Sommer in einer Flasche einzufangen.

Heutzutage verbringe ich den Sommer auf Bornholm. Die kleine felsige Ostseeinsel ist das vielleicht schönste Fleckchen Dänemarks. Das Haus liegt mitten in einem Wald voller Wildkirschbäume, in dem man auch wunderbar Himbeeren, Brombeeren, Feigen und Äpfel pflücken kann.

Wir haben schon viele Abende mit Obst- und Beerenpflücken verbracht – und viele Sonntage mit dem Einkochen von Marmelade, Chutney und der warmen Kirschsoße für das traditionelle dänische Weihnachtsessen. Den Sommer so zu konservieren, dass er bis Weihnachten hält, ist ein ziemlich gutes Glücksrezept.

Holz erzeugt mehrmals Wärme: beim Hacken, beim Stapeln, beim Hineintragen ins Haus und beim Verbrennen. Dasselbe gilt für eine gut gefüllte Speisekammer. Sie schenkt uns gleich mehrmals ein behagliches Hygge-Gefühl: beim Anbauen oder Pflücken, beim Einkochen, beim Einlagern und beim Verputzen.

Bei Hygge geht es darum, das Tun zu genießen. Es langsam anzugehen und sich auf das leckere Ergebnis zu freuen, das man, schön eingekuschelt, an einem ruhigen Winterabend zu Hause genießen kann. Es geht darum, sich die Zeit zu Hause mit dem Wissen zu versüßen, dass man eine Fülle an Köstlichkeiten auf Lager hat, die nur auf den richtigen Hygge-Moment warten. Es geht darum, die Abende zu etwas Besonderem zu machen und nie das Gefühl zu haben, dass man etwas verpasst.

Sich Vorräte und eine kleine Speisekammer anzulegen bedeutet außerdem, das Kommen und Gehen der Jahreszeiten sowie die damit verbundene Saisonalität zu respektieren. In Dänemark wachsen nicht das ganze Jahr über Erdbeeren. Sie mitten im Winter im Supermarkt zu kaufen, ist weder lecker noch hyggelig. Viel besser ist es, sich saisonal zu ernähren, also solche Lebensmittel zu essen und haltbar zu machen, die in unserer Region angebaut und geerntet werden.

Hier kommt die Top Ten meiner Speisekammerschätze:

1. Salzzitronen
2. Holunderblütensirup
3. Getrocknete Pilze
4. Hagebuttenchutney
5. Kirschsauce
6. Eingelegte Rote Beete
7. Gegrillte Paprika in Öl
8. Kimchi
9. Brombeermarmelade
10. Feigen in Rum

SO ZIEHT DAS GLÜCK BEI DIR EIN –

Speichere deine Tiefkühlvorräte auf dem Handy

Wenn du etwas in die Tiefkühltruhe legst, denkst du, du wirst auch noch in drei Monaten ganz klar erkennen können, dass es sich um Bolognesesauce handelt. Das Ding ist: In drei Monaten wirst du drei weitere Tupperdosen mit bräunlichem Resteessen hineingelegt haben, und dann ist es doch sehr schwer, die gefrorenen Klumpen voneinander zu unterscheiden. Guten Appetit bei den Spaghetti mit Entenbratensoße! Besser, du beschriftest deine Speisereste.

Ich finde es außerdem wahnsinnig nützlich, eine aktuelle Bestandsliste der Tiefkühlvorräte auf dem Handy zu haben. An Abenden, an denen du später von der Arbeit nach Hause kommst, ist es schön, zu wissen, dass im Tiefkühler noch etwas Leckeres auf dich wartet, was du einfach in den Topf tun und vor sich hinköcheln lassen kannst. Lammeintopf, Minestrone und Entenragout sind meine Standards, die mir schon mehr als einmal den Abend gerettet haben.

CHECKLISTE FÜR EINE ARCHITEKTUR DES GLÜCKS

- ❑ Sorge dafür, dass du zu Hause einen Ort hast, an dem du dich sicher und geborgen fühlst, und behalte im Hinterkopf, dass so ein Zufluchtsort individuell verschieden ist. Ich persönlich lege dir einen wikingersicheren Sitzplatz ans Herz.

- ❑ Ein hyggeliges Heim sollte dir sowohl Privatsphäre als auch Geselligkeit ermöglichen – und auch die Zwischenstufen. Sorge dafür, dass du Raum für all deine Bedürfnisse innerhalb des Öffentlich-/Privat-Spektrums schaffst.

- ❑ Behalte das menschliche Maß im Hinterkopf, wenn du dein Zuhause mit Dingen verschönerst, die dir ein Lächeln ins Gesicht zaubern.

- ❑ Lege dir einen Hygge-Vorrat an. Überlege dir, was dir ein wohliges Gefühl geben würde, wenn es draußen stürmt. Und stell dir vor, du wärst drei Tage lang eingeschneit: Was hättest du dann gern in deiner Speisekammer?

KAPITEL

3

RÜCKE DIE DINGE INS RICHTIGE LICHT

Vor etwa sechsundsechzig Millionen Jahren sind die Dinosaurier ausgestorben, nachdem ein riesiger Asteroid auf die Erde eingeschlagen war und Rußteilchen mehrere Jahre lang das Sonnenlicht blockiert hatten. In Dänemark wird diese Phase Januar genannt. Als ich mir letzten Januar einmal die Wettervorhersage für die kommenden zehn Tage anschaute, war nicht ein Sonnenstrahl in Sicht. Im Winter ist uns die Sonne einfach kaum vergönnt. Deshalb werden die Dänen von jedem Sonnenstrahl wie magisch angezogen. Ich kann es dir mit einer Narbe beweisen.

Eines schönen Morgens vor fünfzehn Jahren wachte ich in einem Landhaus am Rand von Siena auf. Ich war auf eine Hochzeit eingeladen worden, stand vor den übrigen Gästen auf und ging nach unten in die Küche. Dort befüllte ich die Espressomaschine und zündete den Herd an. Durch ein kleines quadratisches Fenster konnte ich die braunen Herbstfelder und den klaren blauen Himmel sehen. Mich durchströmte das Glück, und ich wollte unbedingt einmal die wunderbar frische Luft einsaugen. Also steckte ich meinen Kopf aus dem Fenster – nur um festzustellen, dass es nicht geöffnet war und ich gerade das Glas durchbrochen hatte. Jetzt waren alle wach. Doch leider tat mir keiner den Gefallen, mich auf der Hochzeitsfeier Scarface zu nennen. Egal. Was bleibt, ist die Erkenntnis, wie gefährlich die Verlockungen des Sonnenscheins für die Dänen sind.

Aus diesem Grund wachen wir im Frühling aus unserem Hygge-Winterschlaf auf und suchen uns ein Plätzchen zum Sonnetanken – wir verwandeln uns quasi in ein Katzenvolk. Doch nicht nur die Dänen sind versessen auf Sonnenlicht.

Beim Kauf eines Eigenheims gelten die natürlichen Lichtverhältnisse gemeinhin als Schlüsselmerkmal. Je besser es um sie bestellt ist, desto mehr Geld legen die Leute für eine Immobilie auf den Tisch. Das MIT Real Estate Innovation Lab hat im Rahmen einer Studie den Wert von Tageslicht in Büroräumlichkeiten untersucht. Bei der Untersuchung von 5.145 gewerblich genutzten Büroflächen in Manhattan und nachdem

andere Einflussfaktoren herausgerechnet wurden, kam die Studie zu dem Ergebnis, dass für lichtdurchflutete Räumlichkeiten fünf bis sechs Prozent mehr Geld verlangt wird.

Bei Immobilien kommt es ja angeblich auf drei Dinge an: Lage, Lage, Lage. Wie sich herausgestellt hat, kommt es bei einem hyggeligen Zuhause jedoch auf drei andere Dinge an: Licht, Licht, Licht. Wenn wir die natürlichen Lichtverhältnisse in unsere Einrichtung miteinbeziehen und sie so anpassen, dass wir das meiste aus dem Tageslicht herausholen, tun wir sowohl unserem Geldbeutel als auch dem Planeten Erde etwas Gutes. Richte dir also auf jeden Fall einen Leseplatz am Fenster ein.

Das Institut für Glücksforschung hat außerdem den Zusammenhang zwischen Glück und Licht untersucht und dabei Folgendes festgestellt: Diejenigen, die ihre Lichtverhältnisse zu Hause auf einer Skala von 0 bis 10 mit 7 oder höher bewerteten, hatten sich am Tag zuvor eher glücklich gefühlt. Gleichermaßen ist die Wahrscheinlichkeit um zehn Prozent höher, dass die Menschen mit ihrem Zuhause zufrieden sind, wenn sie mit der Helligkeit dort zufrieden sind. Licht lässt einen Raum einfach größer wirken. Studien haben ergeben, dass sich, wo das baulich möglich ist, ein kleiner, vollgestopfter Raum durch den Einbau eines Fensters optisch wunderbar vergrößern lässt. Doch dem Tageslicht kommt in Bezug auf unser tägliches Wohlbefinden und die Qualität unseres Schlafs womöglich eine noch viel bedeutendere Rolle zu.

Unsere innere Uhr

Es ist über hundertfünfzig Jahre her, dass Thomas Edison die Glühbirne erfunden hat, und heute können wir über Licht frei verfügen. Das Knipsen eines Schalters genügt, schon ist der Raum so hell, wie wir es uns wünschen. Darüber vergessen wir nur allzu leicht, dass jedes Lebewesen dieser Erde auf die Sonne reagiert. Drehen wir deshalb die Zeit ein wenig zurück bis zum Jahr 1729, als es noch kein künstliches Licht gab.

Damals führte der französische Wissenschaftler Jean-Jacques d'Ortous de Mairan ein Experiment mit einer Mimose durch. Zuvor war ihm aufgefallen, dass sich bei dieser Pflanze die Blätter tagsüber öffneten und abends zurückzogen. Um herauszufinden, ob sie auf Sonnenlicht reagierte, stellte er sie mehrere Tage lang in einen dunklen Schrank und sah zu seiner Überraschung, dass sie ihren Tag-Nacht-Rhythmus sogar in der Dunkelheit beibehielt und die Blätter wie gewohnt öffnete und schloss. Sein Fazit war, dass sie »die Sonne spürte, ohne ihr exponiert zu sein«. Das war der erste Hinweis auf die Existenz einer inneren Uhr.

Beinahe dreihundert Jahre später klingelte bei Michael Rosbash in Massachusetts das Telefon. Es war fünf Uhr morgens. »Wenn ich um diese Uhrzeit auf dem Festnetz angerufen werde, handelt es sich normalerweise um einen Todesfall«, erzählte er später. Glücklicherweise wurde er jedoch nur darüber informiert, dass er zusammen mit seinen Kollegen Jeffrey Hall von der University of Maine und Michael Young von der Rockefeller University den Nobelpreis für Medizin gewonnen hatte, und zwar für ihre jahrzehntelange Arbeit an der inneren oder zirkadianen Uhr. »Zirkadian« kommt aus dem Lateinischen und bedeutet so viel wie »eine 24-Stunden-Periodik aufweisend«. Diese drei Männer

hatten also herausgefunden, wie Pflanzen, Tiere und Menschen ihren Biorhythmus an die Rotation der Erde anpassen.

Das Schöne an der inneren Uhr ist, dass ein Organismus dadurch das Auf- und Untergehen der Sonne vorhersieht, statt nur darauf zu reagieren. Das ist der Punkt, an dem d'Ortous de Mairan falschlag. Wir reagieren nicht auf den Sonnenuntergang, wir rechnen mit ihm. Die Vorstellung, dass das Verhalten von Tieren und Pflanzen von unserem Tag-Nacht-Rhythmus bestimmt wird, hat für mich etwas Wunderschönes.

Dieser Rhythmus sorgt dafür, dass über den Tag verteilt Hormone und andere chemische Wirkstoffe freigesetzt werden, darunter auch Melatonin, das sogenannte Schlafhormon. Gloria Estefan hatte also recht mit ihrem »Rhythm Is Gonna Get You« – dieser Rhythmus kriegt uns alle. Einfach ausgedrückt, hält uns das Tageslicht zur richtigen Stunde wach und lässt uns nachts besser schlafen. Außerdem hat es unmittelbaren Einfluss auf unsere Stimmung und unser Wohlbefinden.

Mitte der 1980er-Jahre tauchte zum ersten Mal der Begriff »saisonal abhängige Depression« (SAD) auf, um eine Depression zu beschreiben, die einen jedes Jahr um die gleiche Zeit befällt. Wobei der französische Psychiater Philippe Pinel bereits 1806 in einer Abhandlung darauf aufmerksam machte, dass sich der Zustand einiger seiner Patienten »verschlechterte, sobald das kalte Dezember- und Januarwetter einsetzte«. Heute wird zur Behandlung dieser Winterdepression gerne Lichttherapie empfohlen. Dabei soll man sich täglich dreißig Minuten lang vor eine möglichst zehntausend Lux starke Leuchte setzen, das Ganze über eine Dauer von ein bis zwei Wochen. Im Institut für Glücksforschung haben wir eine solche Tageslichtlampe ausprobiert, doch selbst die größte Sonnenanbeterin von uns hat sie nur ein- oder zweimal genutzt, weshalb sie nun einen Raum des Happiness Museum erhellt.

In unserem Alltag verbringen wir meist nur wenige Stunden im Freien, und selbst das ist an einem Arbeitstag schon schwierig – ganz besonders mitten im dänischen Winter, wo es ungefähr sieben Minuten am Tag hell ist. Am Wochenende so viel Sonne wie möglich zu tanken ist also eine gute Idee, ebenso wie das Arbeiten in Fensternähe unter der Woche. Vor Kurzem hat die Universitätsklinik im dänischen Aarhus bei dreitausend Angestellten in der Stadt den Zusammenhang zwischen Tageslicht und Depressionen untersucht. Ergebnis war, dass diejenigen, die sich mindestens zwei Stunden täglich im Freien aufhalten, ein vierzig Prozent geringeres Risiko haben, an einer Depression zu erkranken. Und nicht nur in Dänemark ist dieses Krankheitsbild mit einem Mangel an Sonnenlicht verknüpft.

Die Weltgesundheitsorganisation (WHO) führte 2002 bis 2003 eine breit angelegte Befragung durch, um den Zusammenhang zwischen Wohnverhältnissen und mentaler Gesundheit besser zu durchleuchten. Sie fand in acht europäischen Städten, von Vilnius in Litauen bis Ferreira do Alentejo in Portugal, statt.

8.519 Bewohnern von 3.373 Wohnungen wurden jeweils zweihundertneunzig Fragen gestellt, zum Beispiel, ob die Leute »im letzten Jahr zu wenig Tageslicht abbekommen hatten« und ob sie »selbst an hellen Tagen drinnen das Licht anschalten, weil es dort nicht hell genug ist«.

Der gesundheitliche Zustand der Teilnehmenden wurde ebenfalls mittels mehrerer Fragen erfasst. So wurden sie unter anderem gefragt, ob sie bereits an einer Depression erkrankt waren oder damit im Zusammenhang stehende Symptome aufwiesen, wie etwa Schlafstörungen, Antriebsschwäche, mangelndes Selbstbewusstsein oder Appetitlosigkeit.

Ergebnis war, dass diejenigen, die ihre Wohnung als zu dunkel empfanden, ein größeres Risiko für Depressionen aufwiesen. Dreizehn Prozent der Teilnehmenden litten an Depressionen, das heißt, sie hatten entweder eine ärztliche Diagnose oder berichteten von drei oder mehr klassischen Symptomen. Wenn man andere Faktoren, die mit einer Depression in

Zusammenhang stehen, eliminierte, ergab die Studie zudem, dass diejenigen, die eine ärztliche Diagnose erhalten hatten, mit vierzig Prozent höherer Wahrscheinlichkeit in einer Wohnung lebten, in der es an natürlichem Licht mangelte. Bei denjenigen, die drei oder mehr klassische Symptome aufwiesen, war die Wahrscheinlichkeit einer zu dunklen Wohnung sogar sechzig Prozent höher im Vergleich zu Teilnehmenden, die ihre Wohnung ausreichend hell fanden.

Das Rigshospitalet, das größte Krankenhaus Kopenhagens, hat kürzlich festgestellt, dass die an Depressionen erkrankten Patienten, deren Zimmerfenster Richtung Nordwesten zeigt (die also weniger Licht abbekommen), durchschnittlich neunundfünfzig Tage im Krankenhaus bleiben, während diejenigen, deren Zimmer durch die südöstliche Ausrichtung des Fensters heller sind, schon nach durchschnittlich neunundzwanzig Tagen entlassen werden können. Aus diesem Grund wird in diesem Krankenhaus inzwischen »dynamisches Licht« ausprobiert (künstliches Licht, das vom Gehirn als natürlich interpretiert wird), um den Einfluss der Sonne auf Patienten, die an Depressionen erkrankt sind, besser zu erforschen. Im Bereich der Altenpflege haben in Dänemark mittlerweile dreißig Seniorenheime dynamisches Licht im Einsatz, und die Mitarbeiter berichten von ähnlich positiven Resultaten. In Zukunft wird es wohl noch mehr künstliches Licht geben, das den natürlichen Tageslichtrhythmus nachahmt. Und an diesem Punkt schauen wir uns nun an, wie wir künstliches Licht so einsetzen können, dass es einen beruhigenden Effekt hat.

Vielleicht denkst du jetzt: Okay, Maik, ich hab's kapiert, Tageslicht ist gut. Schluss mit den Studien. Erzähl mir lieber, wie ich an mehr Tageslicht komme.

Nun, da gibt es eine ganze Menge Methoden, mit denen du deine Wohnung (und deine Stimmung) aufhellen kannst. Fangen wir mit dem einzigen Werk der Antike zum Thema Architektur an, das bis heute überdauert hat: das zehnbändige *De architectura* (auf Deutsch: Zehn

Bücher über Architektur) des römischen Architekten und Ingenieurs Marcus Vitruvius Pollio, das er zwischen 30 und 15 vor Christus verfasst hat. Die Bücher behandeln alles von Stadtplanung über Tempel- und Aquäduktbau bis hin zu archimedischen Schrauben und Belagerungsgeräten. (In Kapitel 5 besprechen wir, wie sich ein gutes Verhältnis zu den Nachbarn auf das persönliche Wohlbefinden auswirkt. Spoiler: Belagerungswaffen sind nicht empfehlenswert.) *De architectura* wurde Kaiser Augustus gewidmet und ihm als Unterstützung für seine Bauprojekte übergeben.

Den Namen Vitruvius kennst du vielleicht von Leonardo da Vincis berühmtem Gemälde *Der vitruvianische Mensch*, in dem er die – seiner Meinung nach – idealen Proportionen des menschlichen Körpers darstellt. (Meine ungewöhnlich langen Arme sind wohl alles andere als ideal. Das Gute daran ist aber, dass ich an die Keksdose auf dem obersten Regal gelange.)

Vitruvius zufolge muss ein gelungenes Gebäude drei Eigenschaften aufweisen: *firmitas, utilitas, venustas* – Festigkeit, Zweckmäßigkeit und Schönheit, heute bekannt als der vitruvianische Dreiklang. Er untersuchte außerdem, wie groß ein Fenster sein muss, um einen Raum mit ausreichend viel Licht zu versorgen. In einem langen Raum ist das am weitesten vom Fenster entfernte Ende bekanntermaßen am dunkelsten.

Vitruvius empfahl, ein Raum dürfe höchstens vier- bis fünfmal so lang sein, wie das Fenster hoch ist, damit er ausreichend erhellt wird. Ist das Fenster also einen Meter hoch, darf die Länge des Raums höchstens vier bis fünf Meter betragen. Heutzutage arbeiten die Architekten jedoch mit unterschiedlichen Boden-Fenster-Verhältnissen. Und es gibt noch einige andere Faktoren, die wir beachten sollten, wenn wir uns zu Hause mehr Tageslicht wünschen.

SO ZIEHT DAS GLÜCK BEI DIR EIN –

Sieben Ratschläge für eine hellere Wohnung

WASCHEN UND SCHNEIDEN, BITTE

Durch schmutzige Fenster kann nicht so viel Licht fallen. Achte außerdem auf die Grünpflanzen vor deinen Fenstern und Türen – klauen sie dir Licht? Dann schneide sie.

GLANZLEISTUNG!

Glänzende Materialien werfen das Licht weiter in den Raum hinein, Spiegel oder Glasschränke etwa. Auch der richtige Boden kann reflektierend wirken. Böden aus Holz, Keramik oder Stein mit polierter Oberfläche werfen das Licht besser zurück als Teppiche oder Läufer.

SETZE DIE RICHTIGE FARBPALETTE EIN

Wenn du mit skandinavischem Minimalismus vertraut bist, weißt du: Die Wände sind in der Regel in Weißtönen gestrichen. Das geschieht unter anderem deshalb, weil dadurch das natürliche Licht reflektiert und nicht absorbiert wird. Dadurch wirken die Räume heller.

DIE HÖHE MACHT DEN UNTERSCHIED

Je höher die Fenster, desto heller der Innenraum. Die höher gelegenen Fenster lassen mehr Licht in den Raum und verteilen es gleichmäßiger, während das Licht, das durch ein niedrig gelegenes Fenster fällt, nicht weit wandert. Aus diesem Grund befinden sich die großen Fenster eher im unteren Teil eines Gebäudes und die kleinen Fenster weiter oben.

NIEDER MIT DER BARRIKADE

Überlege dir, ob es wirklich eine Wand vom Boden bis zur Decke sein muss oder ob sie oben nicht offen sein kann, damit mehr Licht in die Wohnung gelangt. Genügt nicht vielleicht die halbe Wand oder sogar ein Raumteiler?

OBERLICHTER

Ein Oberlicht kann doppelt so viel Licht ins Rauminnere lassen wie ein gewöhnliches Fenster und ist möglicherweise die Lösung für einen Raum, in dem klassische Fenster keine Option sind. Ein Nachteil ist jedoch, dass Oberlichter keine Orientierung bieten, also keine Aussicht auf die Außenwelt – man sieht nichts außer einem Stück Himmel. Deshalb sollten sie mit Bedacht eingesetzt werden.

EINE FRAGE DER BALANCE

Überlege dir, wie du dein Bedürfnis nach Tageslicht und dein Bedürfnis nach Privatsphäre ausbalancierst. Große Fenster lassen eine Menge Sonne in den Raum, aber sie machen eben auch dich gut sichtbar. Weit oben gelegene Fenster oder Pflanzen als Sichtschutz schaffen Abhilfe.

SO ZIEHT DAS GLÜCK BEI DIR EIN –

Folge der Sonne

Sonnenlicht ist derart wichtig für unser Wohlbefinden, dass wir uns bei Einrichtung und Deko danach richten sollten. Wenn deine Möbel in Fensternähe stehen, kannst du wunderbar Sonne tanken. In einer perfekten Welt beziehst du in deine Gestaltung den gesamten Sonnenverlauf mit ein. Bei mir zu Hause steht der Schreibtisch an dem Fenster, in das die Morgensonne scheint, und der Tisch fürs Abendessen wird von den Strahlen der untergehenden Sonne beschienen. Kurzum: Mach's wie deine Katze. Wo auch immer die Sonne gerade hinscheint, ist dein Platz. Ob du schnurren willst, bleibt dir überlassen.

Kinder zur Ruhe kommen lassen mithilfe der Beleuchtung

»Mir war überhaupt nicht klar, was Licht bei Kindern alles bewirken kann«, sagt Heidi, eine Lehrerin an der Frederiksbjerg-Schule in Aarhus.

Generell sind die Eisbären eine gut funktionierende Klassengemeinschaft (nur um das klarzustellen: Das ist natürlich nur der Name der Klasse – die echten Eisbären werden in Grönland ausgebildet), doch einigen Schülern fiel es gegen Ende des Tages schwer, sich zu konzentrieren.

Heidi erklärt: »Da gibt es zum Beispiel einen Jungen, der anfängt, sich auf dem Boden herumzuwälzen, sobald er sich nicht mehr konzentrieren kann. Wenn die Deckenleuchten an sind, meint er, er könne überall herumliegen. Anders ist es bei den Hängelampen, die auf die Tische gerichtet sind. Wenn wir diese Hängelampen einschalten, werden die Kinder davon angezogen wie die Motten. Hin zu den Tischen. Und sie wissen, dass jetzt Zeit für die Hausaufgaben ist.« Bei diesen Hängelampen handelt es sich um einzelne Glühbirnen, die von der Wand oder der Decke hinabbaumeln und ein warmes Licht abgeben. Heidis Erfahrung nach kreieren sie einen abgetrennten Bereich, wodurch die Kinder die Ablenkungen im Raum besser ausblenden können.

»Die Schüler reden nur mit den Kindern, die unter derselben Lampe sitzen, und bilden dadurch eine kleine Gemeinschaft. Ich war überrascht, dass wir mit so einer Kleinigkeit wie dem Auswechseln der Lampen einen so großen Effekt erzielen konnten.«

Das Licht dieser Hängelampen ist wärmer und kreiert gemütliche Lichtinseln. Dadurch entsteht eine sichere und gemütliche Atmosphäre, die die Kinder an ihr Zuhause erinnert. »Die Kinder sagen selbst, das Licht sei jetzt hyggeliger. Sie verbringen so viel Zeit in der Schule, dass wir es ihnen dort wirklich schön machen sollten.«

Und es ist nicht nur für die Kinder schöner, sondern auch für das Lehrpersonal. Während sich die Schüler dank des Lichts zu kleinen Grüppchen zusammentun, verringert sich die Lautstärke im Raum. Die Schule hat an einem wissenschaftlichen Experiment unter der Leitung von Imke Wies van Mil teilgenommen. Im Rahmen ihrer Promotion in Industriedesign untersuchte sie in Zusammenarbeit mit Henning Larsen Architects und der Königlich Dänischen Kunstakademie (KADK), wie ein menschenorientiertes Design mithilfe von wissenschaftlich fundiertem Wissen eine bessere Lernumgebung schaffen kann.

Ein Problem, mit dem sich van Mil beschäftigte, war der Lärmpegel in Schulen. Und sie hat herausgefunden, dass sich die Lautstärke um ein bis sechs Dezibel verringerte, nachdem das gleichförmige, sterile weiße Licht in vier Klassenzimmern durch Hängelampen ersetzt worden war, und zwar bei fünfundsiebzig Prozent der von ihr untersuchten Lernumgebungen. Ein Dezibel weniger Lärm bemerken wir kaum, drei Dezibel hingegen schon, und sechs Dezibel sogar deutlich. Eine Verringerung um sechs Dezibel entspricht dem Unterschied zwischen einer Unterhaltung im Restaurant und einer Unterhaltung zu Hause.

Was wir daraus lernen, ist natürlich, wie sehr die Beleuchtung unser Verhalten beeinflusst und an welchen Schrauben wir drehen können, wenn wir uns Gedanken zur Lichtgestaltung machen.

Vier Stellschrauben gibt es bei der Beleuchtung eines Raums: das räumliche Muster, das zeitliche Muster, das Lichtspektrum und die Lichtintensität. Das räumliche Muster ist die Art, wie das Licht im Sichtfeld verteilt wird. Das zeitliche Muster meint die Art, wie verschiedene Beleuchtung zu verschiedenen Tageszeiten verwendet wird – etwa helle Beleuchtung am Morgen und gedämpfte Beleuchtung am Abend. Beim Lichtspektrum geht es darum, ob du eher farbiges oder weißes, eher warmes oder kaltes Licht einsetzt. Die letzte Stellschraube ist die absolute Intensität des Lichts. Möchtest du es hell oder gedämpft haben, vielleicht irgendetwas dazwischen?

Bei der Wahl der Beleuchtung musst du unbedingt die Funktion des jeweiligen Raums im Hinterkopf behalten. In einem klassischen Büro sind ganz andere Lichtverhältnisse nötig als in deinem Wohnzimmer zu Hause. Im Büro ist das Licht normalerweise hell, ziemlich weiß, gleichförmig und gleichbleibend. Im Wohnzimmer dagegen ist es in der Regel wärmer, farbiger und diffuser.

Oft begehen wir den Fehler, eine Lampe zu kaufen, ohne ihr Licht näher zu beurteilen. Wir verlieben uns nur in ihr Äußeres (bekenne mich schuldig) und schauen uns nicht genau an, welches Licht sie eigentlich macht und welche Funktion sie überhaupt erfüllen soll. Wo möchten wir die Lampe hinstellen? Was soll sie leisten, und welche Atmosphäre soll sie kreieren? Ein warmes, weiches Licht ist zum Abendessen oder einem Gläschen Wein sicher wunderbar geeignet, aber wenn wir später das Geschirr abwaschen, brauchen wir ein helleres Licht, damit wir sehen, was wir tun.

Deine Räume nutzt du höchstwahrscheinlich für mehrere Tätigkeiten. Am Esstisch isst du vielleicht nicht nur, sondern schreibst auch oder nähst einen Knopf an dein Jackett an. Da du dazu unterschiedliche Lichtverhältnisse benötigst, bringst du am besten mehrere verschiedene Lampen in einem Zimmer an. Das könnte eine Allgemeinbeleuchtung an der Decke sein, ein fokussiertes Licht von einer verstellbaren Lampe sowie ein nach unten strahlendes, atmosphärisches Licht. Die Lampen kannst du dann nach Bedarf benutzen.

Nicht jedes Zimmer lässt sich leicht beleuchten. Ein glänzender Boden oder ein Metalltisch reflektieren womöglich das Licht, niedrige Decken machen Hängelampen fast unmöglich, Balken unterbrechen die Lichtführung. Trotzdem gibt es unendlich viele Möglichkeiten bei der Beleuchtung und immer einen Weg, ein Zimmer auf Knopfdruck hyggelig zu machen.

SO ZIEHT DAS GLÜCK BEI DIR EIN –

Wähle die richtige Beleuchtung

Als Erstes musst du dir über Sinn und Zweck der Leuchtmittel klar werden, die du nach Hause bringst. Anschließend kannst du dir über Form und Stil Gedanken machen. Hier kommen die vier wichtigsten Kategorien und Tipps, wie du sie am besten realisierst:

DIFFUSES, BREIT STRAHLENDES LICHT
Lässt sich gut als Allgemeinbeleuchtung nutzen. Entscheide dich für eine Decken- oder Wandlampe mit einem Schirm aus Glas oder lichtdurchlässigem Stoff.

FOKUSSIERTES, KONZENTRIERTES LICHT
Lässt sich gut für den Arbeitsplatz nutzen oder um die Aufmerksamkeit auf bestimmte Gegenstände wie Gemälde oder Fotografien zu lenken. Funktioniert mit Spots oder kleinen Lampen mit einem engen, bedeckten Schirm.

NACH OBEN GERICHTETES LICHT

Lässt sich ergänzend zur Allgemeinbeleuchtung oder zur Effektbeleuchtung nutzen. Funktioniert mit Wandleuchten oder Deckenflutern.

NACH UNTEN GERICHTETES LICHT

Lässt sich für die Leseecke oder die *hyggekrog* (eine hyggelige Sitzecke) nutzen. Funktioniert mit Bodenlampen oder Lampen mit einem geschlossenen Schirm.

Hygge: Inseln aus Licht

Bei Hygge geht es um die Atmosphäre, und mithilfe der Beleuchtung lässt diese sich wunderbar erzeugen. Das nicht-so-dunkle Geheimnis einer hyggeligen Beleuchtung besteht darin, viele kleinere Lichtquellen mit warmem, nach unten gerichtetem Licht zum Einsatz zu bringen. Ein von der Decke hängender Kronleuchter hingegen lässt den Raum kalt wirken, besonders, wenn das Licht von oben zusätzlich von weißen Wänden reflektiert wird.

Denke daran, dass du Bodenlampen, Tischlampen und Deckenlampen kombinieren kannst, um den unterschiedlichen Bedürfnissen, die ein Raum erfüllen muss, gerecht zu werden. Eine Deckenlampe wird zum Beispiel in den seltensten Fällen Hyggeglanz versprühen, kann beim Putzen aber durchaus nützlich sein. Die Auswahl der richtigen Beleuchtung fängt mit der Überlegung an, welche Funktionen der Raum erfüllen soll.

ABENDESSEN

Eine Hängelampe sollte etwa fünfzig bis sechzig Zentimeter über dem Tisch hängen und weder direkt in die Augen leuchten noch die Sicht über den Tisch hinweg behindern. Schließlich möchtest du deine Gäste ja sehen.

ESSZIMMER

Für einen langen Tisch eignen sich zwei Hängelampen; alternativ empfehle ich an der Wand befestigte Leuchten oder Bodenlampen. So erhältst du ein weiches, nach oben gerichtetes Licht statt ein helles Licht über dir.

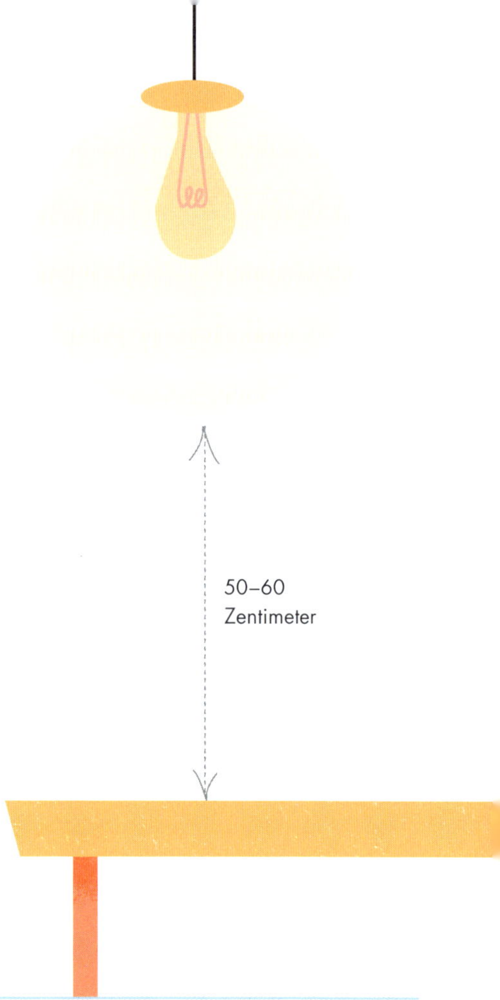

BADEZIMMER

Achte darauf, dass die Beleuchtung des Spiegels farbgetreu ist. Ich bin einmal als Schlumpf auf eine Kostümparty gegangen – blaues Gesicht, blaues Oberteil, weiße Hose plus Hut, fertig. Das Problem war nur, dass sich die Feier als Halloweenparty voller Vampire, Geister, Hexen, Werwölfe und mit einem nicht ganz so gruseligen Schlumpf entpuppte. Egal. Nach der Party wusch ich mir jedenfalls im Badezimmer die blaue Farbe ab, und um es kurz zu machen: Am nächsten Morgen fragten mich alle, warum ich mit einem blauen Gesicht durch die Gegend lief. Das Licht hatte mich wohl ein wenig getäuscht.

SCHLAFZIMMER

Wie bei den meisten Zimmern ist fürs Saubermachen eine Deckenlampe wichtig, ansonsten genügen zwei Lampen mit warmem Licht am Bett, um eine ruhige Atmosphäre zu schaffen. Noch besser ist es, wenn sie dazu beweglich sind. Dann kannst du nämlich lesen, ohne deinen Bettnachbarn zu stören.

ARBEITSZIMMER

Sorge dafür, dass der Kontrast zwischen hellem Computerbildschirm und restlichem Zimmer nicht zu groß ist, sonst ermüden deine Augen. Obwohl Hygge immer an oberster Stelle kommt, sollst du dich auf deine Arbeit konzentrieren können, deshalb empfehle ich dir eine hohe Lichtintensität, etwa mit Deckenflutern, sowie ein fokussiertes Licht auf deinem Schreibtisch.

WOHNZIMMER

Dunkle Ecken lassen den Raum meist kleiner wirken, doch das lässt sich mit einer originellen Lampe lösen. (Hier kann endlich das crazy Teil aus dem Vintage-Laden zum Einsatz kommen, das du unbedingt haben musstest.) Dieses Zimmer braucht maximale Hyggeligkeit, also verwendest du am besten hauptsächlich nach unten gerichtete Beleuchtung.

Über das eigene Zuhause hinaus: Wie man eine Stadt erhellt

Die kleine Gemeinde Rjukan mit ihren dreitausend Einwohnern liegt in einem Tal zwischen zwei Bergen im Süden von Norwegen. Dank dieser beiden gigantischen Nachbarn liegt das Örtchen die Hälfte des Jahres im Schatten. Man sieht, wie die Sonne am nördlichen Berghang ihren Lauf nimmt, doch ihr Licht erreicht nie das Dorf. Wohl aus diesem Grund reden die Leute viel über die Sonne. »Wann haben wir wieder Sonne?«, fragen sie. Und: »Wann hatten wir das letzte Mal Sonne?«

Eine norwegische Ölgesellschaft hat den Bewohnern eine Seilbahn spendiert, damit sie im Winter damit hoch auf den Berg fahren und Sonne tanken können. Kürzlich hatte ein helles Köpfchen dieser Gemeinde, der Künstler Martin Andersen, jedoch noch eine andere Idee: Spiegel. Riesige Spiegel.

Drei Spiegel von jeweils siebzehn Quadratmetern sind am Berg oberhalb des Ortes angebracht worden und verfolgen nun computergesteuert den Lauf der Sonne, wodurch sie das Licht auf das Herzstück des kleinen Orts reflektieren, den Marktplatz. Im Januar kann man dort inzwischen nicht nur mindestens von zwölf bis zwei Uhr mittags in der Sonne baden, sondern auch inmitten lächelnder Gesichter.

CHECKLISTE FÜR EINE ARCHITEKTUR DES GLÜCKS

- ❑ Tageslicht ist für dein Wohlbefinden von essenzieller Bedeutung. Deshalb solltest du beim Einrichten deiner Wohnung alles tun, um so viel natürliches Licht wie möglich hineinzulenken. Das ist einer der Schlüssel für ein glückliches Zuhause.

- ❑ Behalte die vier verschiedenen Stellschrauben im Hinterkopf, wenn du die künstliche Beleuchtung eines Zimmers planst: räumliches Muster, zeitliches Muster, Lichtspektrum und Lichtintensität.

- ❑ Nutze die Wirkung des Lichts auf Atmosphäre, Stimmung und Verhalten. Warmes, weiches und nach unten gerichtetes Licht steigert den Hygge-Faktor deiner Wohnung, also nutze es an den richtigen Stellen zu deinem Vorteil.

KAPITEL

4

RAUM FÜR HYGGE

In einem durchschnittlichen dänischen und britischen Haushalt stehen jeder Person 1,9 Zimmer zur Verfügung. In Kanada sind es sogar 2,6 Zimmer, in Russland dagegen gerade mal 0,9 Zimmer. Aus europäischer und nordamerikanischer Perspektive sind 1,9 Zimmer pro Person jedenfalls der Durchschnitt.

Da die Mieten in Großstädten wie Kopenhagen und London jedoch weltweit steigen, teilen sich inzwischen längst nicht mehr nur Studierende eine Wohnung. Die Anzahl der Großstadtbewohner, die in einer Wohngemeinschaft oder in einem Haus mit Gemeinschaftsräumen leben, wächst. Der britischen Fachzeitschrift *Inside Housing* zufolge gab es 2020 zwanzig Prozent mehr Häuser mit Gemeinschaftsräumen als noch im Jahr 2012.

Ich selbst fiel in diese Gruppe, als ich dabei war, das Institut für Glücksforschung zu gründen, und mir keine Wohnung für mich alleine leisten konnte. Ich war Mitte dreißig und konnte nur mithilfe von zwei Mitbewohnern über die Runden kommen.

Zwar hat eine Wohngemeinschaft durchaus ihre Vorteile, doch wenn es zu Hause zu eng wird, wirkt sich das negativ auf unser psychisches und körperliches Wohlbefinden aus – ein Problem, das während der Coronapandemie noch offensichtlicher wurde.

»Jedes Mal, wenn jemand hustet, kriege ich Angst«, erzählte Silvia zu Pandemiezeiten. Sie lebt in Croydon, Südlondon, und teilt sich die Wohnung mit vier Fremden. »Ich versuche, in meinem Zimmer zu bleiben, aber wir teilen uns nun mal die Küche und das Bad.«

Eine Untersuchung der britischen Denkfabrik New Policy Institute ergab, dass die Fallzahlen in den fünf am dichtesten besiedelten Gebieten Großbritanniens um siebzig Prozent höher lagen als in den fünf am spärlichsten besiedelten Gebieten, selbst unter Einbeziehung der höheren Infektionsraten in London. Das lässt sich leicht erklären. Wenn wir eng beisammen wohnen, können wir einen Mindestabstand kaum

einhalten. In größeren Wohnungen hingegen gibt es eher ein freies Zimmer oder zwei Badezimmer. Als der ein oder andere Hollywoodstar in seiner Riesenvilla »Imagine« für die Menschen da draußen sang, fanden manche das daher alles andere als tröstlich.

Am Institut für Glücksforschung führten wir während der Pandemie eine Langzeitstudie durch. Wir beobachteten das Wohlbefinden der Teilnehmenden über einen längeren Zeitraum, um eventuelle Veränderungen bemerken zu können. Die Ausgangsbefragung fand am 3. April 2020 statt, und im Anschluss wurden dieselben Teilnehmenden in wöchentlichem bis monatlichem Rhythmus erneut befragt. Die Studie basierte auf sechs Umfragen von je viertausend Menschen in siebenundneunzig Ländern über einen Zeitraum von drei Monaten während der Pandemie, was insgesamt elftausend Umfragen ergibt.

Wir wollten von den Teilnehmenden wissen, mit wie vielen Menschen sie ihr Zuhause teilen und wie groß es ist, um abschätzen zu können, wie eng sich das Zusammenleben gestaltet. Kurz gesagt: Wir stellten einer Menge Leute über einen langen Zeitraum hinweg eine Menge Fragen.

Folgendes fanden wir heraus: Je enger die Menschen zusammenlebten, desto niedriger war ihre generelle Lebenszufriedenheit. Vierundsiebzig Prozent derjenigen, die über fünfundsiebzig Quadratmeter pro Person zur Verfügung hatten, fühlten sich zufrieden. Bei denen, die weniger als fünfundsiebzig Quadratmeter pro Person zur Verfügung hatten, waren es nur siebenundsechzig Prozent. Interessanterweise traf das jedoch nur dann zu, wenn die Leute mit anderen zusammenwohnten. Wenn sie alleine lebten, waren sie mit mehr Wohnraum eher unglücklicher.

WIE DIE WOHNFLÄCHE DAS GLÜCK BEEINFLUSST

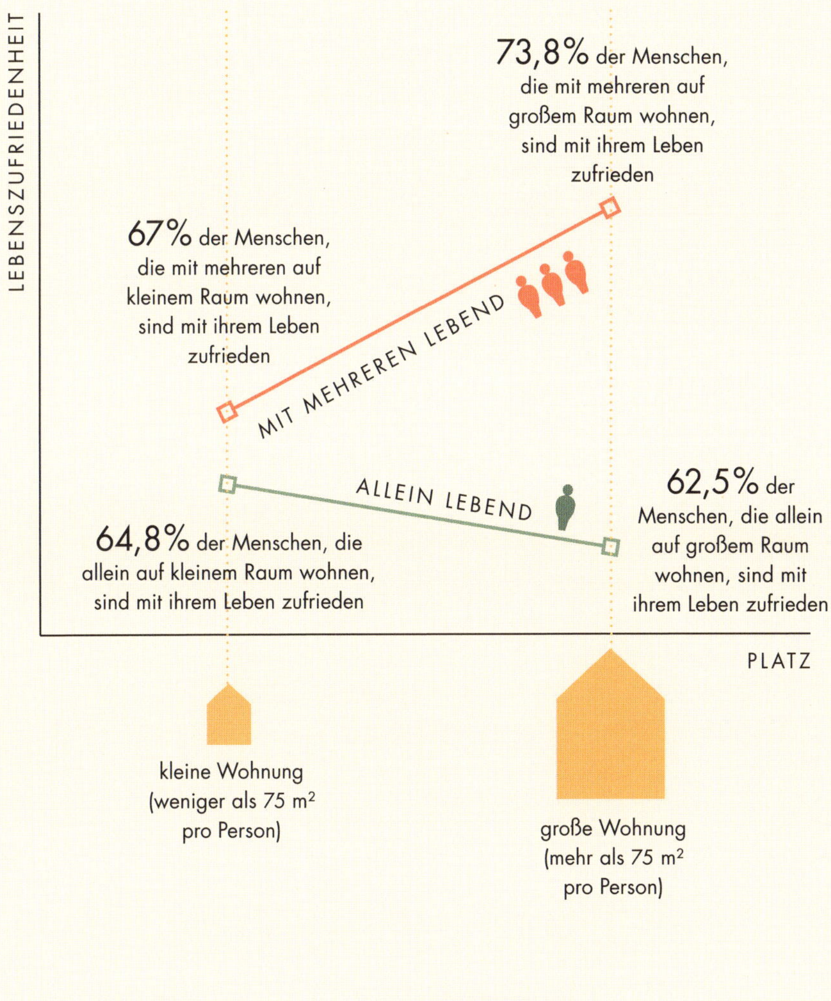

Nicht nur zu Pandemiezeiten haben unsere Räumlichkeiten enormen Einfluss auf unser Wohlbefinden. Als wir uns vor der Pandemie 13.480 Wohnungen für Kingfisher anschauten, untersuchten wir, welche Dinge die Zufriedenheit der Bewohner beeinträchtigten. Wie wirken sich der Mangel an Tageslicht, schlechte Luft oder zu wenige Grünflächen auf die Zufriedenheit *in* den eigenen vier Wänden und *mit* den eigenen vier Wänden aus?

Die Grundlagen müssen einfach stimmen. Ist die Luft zu Hause schlecht, ist es zu dunkel oder zu kalt, können wir uns dort gar nicht richtig wohlfühlen. Dann gefährden diese Wohnverhältnisse mitunter sogar unsere körperliche und mentale Gesundheit – was uns zurückbringt zur zweiten Stufe der Maslow'schen Bedürfnispyramide. Wenn unser Zuhause uns nicht das Gefühl von Sicherheit und Geborgenheit vermittelt, sind wir weder glücklich, noch leben wir ein erfülltes Leben, und wir sind auch nicht in der Lage, uns selbst zu verwirklichen.

Leider sind solche Wohnverhältnisse gar nicht selten. In den zehn von uns untersuchten Ländern berichteten neun Prozent von schlechter Luftqualität und sechzehn Prozent von schlechter Klimatisierung. Wobei zu wenig Platz das größte Problem darstellte: Zwanzig Prozent der Befragten gaben an, ihr Zuhause sei zu klein. Und genau dieser Faktor war es auch, der einem persönlichen Glücksgefühl am meisten im Weg zu stehen schien. Unserer Studie zufolge war zu wenig Platz der Hauptgrund dafür, dass die Leute mit ihrem Zuhause unzufrieden waren.

Unordnung sorgt für Stress. Wenn unsere Wohnung sehr klein und deshalb vollgestellt und unaufgeräumt ist, macht das die meisten von uns unglücklich. Danke, großer Datengott, für diese Weisheit, denkst du jetzt vielleicht. Aber pass auf: Es kommt dabei gar nicht auf die Größe an, sondern auf ein Gefühl von Geräumigkeit.

In unserer Studie klopften wir sowohl Größe als auch Geräumigkeit ab: Wir fragten die Teilnehmenden zum einen, wie groß ihre Wohnung objektiv ist – also wie viele Quadratmeter oder Zimmer sie hat –, und zum anderen, ob sie das Gefühl haben, ihre Wohnung sei geräumig. Beim Analysieren der Daten von 13.480 Wohnungen enttarnten wir einen Mythos, den viele von uns verinnerlicht haben: In einem größeren Zuhause sind wir glücklicher.

Ja, wir alle wissen, dass es den meisten nicht gefallen würde, in einer winzigen und vollgestellten Wohnung zu leben. Aber: Die Größe der Wohnung und die Anzahl der Zimmer spielen nur bis zu einem gewissen Punkt eine Rolle. Es kommt nämlich auf das subjektive Gefühl von Beengtheit an, nicht auf die objektive Größe. Um zufrieden mit dem eigenen Zuhause zu sein, braucht es ein Gefühl von Geräumigkeit. Dieser Faktor ist dreimal wichtiger als die tatsächliche Größe.

Mit anderen Worten: Die Quadratmeterzahl hat weniger Einfluss darauf, ob man zu Hause glücklich ist, als das Gefühl von Geräumigkeit. Interessanterweise bedingen sich die Wahrnehmung von Geräumigkeit und die tatsächliche Raumgröße nicht gegenseitig. Eine große Wohnung kann klein und überladen wirken, während sich eine kleine Wohnung groß anfühlen kann. Gute Nachrichten für diejenigen von uns, die in Großstädten leben oder nicht viel Geld zur Verfügung haben.

SO ZIEHT DAS GLÜCK BEI DIR EIN –

Schaffe mehr Raum, nicht mehr Größe

Das Gefühl von Geräumigkeit hängt stark damit zusammen, wie wir unser Zuhause möblieren und dekorieren, und damit, wie überladen es wirkt. Die Frage muss also nicht lauten, wie wir an eine größere Wohnung kommen, sondern wie uns Design glücklicher machen kann. Wie lässt sich Geräumigkeit gestalten?

SUCHE DIE MÖBEL NACH DER GRÖSSE DES ZIMMERS AUS

Mit einem riesigen Sofa wird ein kleines Zimmer immer überladen wirken, also miss die Räumlichkeiten aus und überlege dir schlankere Optionen. Wie wäre es mit einem aus einzelnen Elementen bestehenden Modul-Sofa, das du individuell anordnen kannst, so, wie die einzelnen Elemente am besten ins Zimmer passen? Auch für den Fall, dass ein schweres Sofa kaum durchs Treppenhaus passt, ist das eine gute Lösung.

WELCHE ZIMMER ODER MÖBELSTÜCKE KÖNNTEN EINEN MEHRFACHNUTZEN HABEN?

Als Joey und Chandler in der Serie *Friends* ihren Mitbewohner Ross loswerden wollen, versuchen sie, ihm eine miese Wohnung mit einem Zimmer, das gleichzeitig Küche und Bad ist, aufzuschwatzen. So etwas ist hier nicht gemeint. Vielmehr lässt sich dein Wohnzimmer vielleicht in ein Gästezimmer verwandeln, oder man kann deinen Schreibtisch zuklappen und wegstellen, wenn er nicht mehr benötigt wird. Einem Zimmer mehrere Funktionen anzudienen steigert seinen Nutzwert.

LASS SO VIEL SONNE REIN WIE MÖGLICH

Wie bereits erwähnt, lässt Licht ein Zimmer größer wirken. Lösungen für kleines Geld sind regelmäßiges Fensterputzen und Spiegel; eine kostspieligere Lösung sind Oberlichter. Jalousien sind möglicherweise besser als schwere, dunkle Vorhänge, die viel Raum einnehmen und in kleinen Zimmern mitunter sperrig wirken – obwohl sie auch hübsch aussehen und dafür sorgen können, dass die Wärme weniger schnell entweicht.

GEHE IN DIE VERTIKALE

Kannst du Regale noch höher an die Wand hängen? Lässt sich aus dem Kinderbett ein Hochbett bauen, damit darunter Platz zum Spielen ist? Oder wie wäre es, den ungenutzten Raum unter der Treppe in ein tolles Spielzimmer à la Harry Potter zu verwandeln? Auf Instagram gibt es unendlich viele clevere Stauraumlösungen. Schau dir doch mal die genialen Ideen auf *#storageideas* an.

INSTALLIERE SCHIEBETÜREN

Wenn der Raum knapp ist, könntest du einige deiner Wohnungstüren durch Schiebetüren ersetzen. Dadurch wird der Bogen frei, in dem sich die normalen Türen öffnen und schließen. Die Tür zwischen Küche und Esszimmer gegen eine Schiebetür zu tauschen, würde zum Beispiel einen größeren Esstisch oder zusätzliche Schränke möglich machen. Wobei du beachten musst, dass eine Schiebetür weniger Geräusche abhält als eine normale Tür, also ist sie für die Trennung von Wohnzimmer und Schlafzimmer vielleicht nicht so gut geeignet.

EINS KOMMT, EINS GEHT

Beherzige das Prinzip, dass ein Gegenstand weichen muss, wenn du einen neuen für die Wohnung kaufst. Im Idealfall ersetzt du nur kaputte Gegenstände, die du geliebt hast. So wird es bei dir nie Schubladen voller altem, kaputtem und sinnlosem Kram geben.

Gerümpel gar nicht erst entstehen lassen

In meiner Kindheit gab es bei uns zu Hause ein Kochbuch, das stets von allein bei der Seite mit dem Pfannkuchen-Rezept aufklappte. Ich bin schon immer ein großer Pfannkuchen-Fan gewesen. Das Glück kann nämlich verschiedene Formen annehmen – und Pfannkuchen ist eine davon.

Deshalb blieb mein Blick heute Morgen im Supermarkt auf einem Werbeplakat für einen Teigportionierer hängen, auf dem ein Pfannkuchen abgebildet war. »Jedes Mal die perfekte Menge Teig!«, hieß es dort. Damit du auch stets die wissenschaftlich akkurate Menge Teig in die Pfanne gibst.

Schließlich wissen wir alle, wie scheußlich ein Pfannkuchen schmeckt, der kleiner oder größer ist als der vorherige, nicht wahr? Und wir alle lieben es, noch einen Gegenstand mehr abwaschen zu müssen, oder? Hole dir also unbedingt noch mehr Kram für deine Küche! Nutze ihn auf keinen Fall zehn Jahre lang, und bring ihn anschließend bloß nicht zum Recyclinghof!

Vielleicht hast du schon von Marie Kondo und ihrer KonMari-Methode zum Ausmisten gehört. Sie funktioniert so: Du stellst sämtliche Dinge einer bestimmten Kategorie – sagen wir Kleidung oder Teigportionierer – auf dem Boden zusammen und nimmst anschließend einen Gegenstand nach dem anderen in die Hand. Wenn er dabei keine »Freude in dir entfacht«, sollst du ihm für seine Dienste danken und ihn danach verschenken oder wegwerfen.

Eine etwas nachhaltigere Methode wäre die Abschiedsparty. Nein, du sollst dich dabei nicht selbst verabschieden, sondern die Gegenstände, die du nicht mehr brauchst. Bei meinem letzten Umzug entdeckte ich eine ganze Reihe Dinge, die ich seit Jahren nicht benutzt hatte. Also lud ich eines Nachmittags ein paar Freunde zu Kaffee und Kuchen ein und breitete alles vor ihnen aus. Und siehe da: Jeder Gegenstand fand einen dankbaren Abnehmer.

Eigentlich können und sollten wir es aber viel besser machen. Weißt du, was uns wirklich Freude bringen würde, Marie Kondo? Weniger sinnlosen Krempel zu kaufen. Nimm diesen Teigportionierer erst gar nicht mit nach Hause! Du kennst doch diese Warnhinweise auf den Zigarettenschachteln, oder? Solche bräuchten wir auf einer Menge Krempel. »Macht garantiert NICHT glücklich.« Benjamin Franklin hat es vielleicht am besten formuliert: »Die Bitterkeit schlechter Qualität währt länger als die süße Freude am niedrigen Preis.«

Der Diderot-Effekt: Warum wir mehr kaufen, als wir brauchen

1769 schrieb der französische Philosoph Denis Diderot einen Essay über eine unschöne Erfahrung. Alles fing damit an, dass er sich eine edle scharlachrote Robe zulegte. Bis dahin hatte er in Armut gelebt, doch nach dem Verkauf einer Büchersammlung an Katharina die Große, die Kaiserin von Russland, war er zu einem ansehnlichen Vermögen gekommen. Kurz darauf erwarb er jene Robe, doch statt sich überglücklich zu fühlen, ging es ihm anschließend elend.

Die Robe war nämlich derart schön und edel, dass sie so gar nicht zu seinen übrigen schäbigen Besitztümern passen wollte. Vielleicht kennst du dieses Gefühl. Da hast du dir ein neues Shirt gekauft, und plötzlich sehen deine Jeans ganz alt und abgetragen aus – oder du hast dir ein neues Sofa zugelegt, und auf einmal bist du auch mit deinem alten Couchtisch unzufrieden.

»Das Gesamtbild stimmt nicht mehr«, schrieb Diderot in seinem Essay »Gründe, meinem alten Hausrock nachzutrauern«. Also ging er los und kaufte noch mehr. Einen neuen Spiegel, den er über den Hausrock hängen wollte, neue Gemälde, einen Teppich aus Damaskus, neue Skulpturen, eine teure Uhr, einen neuen Sekretär und einen Lederstuhl, den er gegen den alten tauschte, welchen er einlagerte. Bald darauf hatte er sein gesamtes Mobiliar ausgetauscht, und das alles nur wegen der neuen scharlachroten Robe.

Unter dem Diderot-Effekt versteht man eine solche Konsum-Kettenreaktion: Der Kauf eines neuen Gegenstands löst den Wunsch nach neuen Gegenständen aus, die man vorher nicht gebraucht hat, um glücklich und zufrieden zu sein.

Aus diesem Grund bietet IKEA für die Hemnes-Kommode auch das passende Tagesbett, die passende Vitrine und den passenden Schuhschrank mit zwei Fächern an. Möbelserien gibt es stets für ein ganzes Zimmer, und so werden sie auch ausgestellt. Die Frage ist, ob wir den Ruf des Hemnes-Tagesbetts nach seinen Freunden ignorieren können oder ob wir ihm nachgeben und sämtliche Möbelstücke der Serie kaufen. Um es mit Diderots Worten zu sagen: »Ich war der absolute Herr über mein altes Gewand. Ich bin der Sklave des neuen geworden.«

Sagen wir, du sparst tausend Euro, weil du dir dieses Jahr keinen neuen Krempel zulegst, und investierst sie auf dem globalen Aktienmarkt. In manchen Jahren wird es gut laufen, in anderen schlecht. Historisch gesehen liegt die durchschnittliche jährliche Ertragsrate inflationsbereinigt bei etwa sieben Prozent, aber dank der Zinseszinsen werden sich deine tausend Euro in zehn Jahren verdoppeln und in dreißig Jahren auf achttausend Euro angewachsen sein.

Oft kaufen wir etwas nur wegen den damit verbundenen Wunschvorstellungen. Wir wären zum Beispiel gern eine glückliche Familie, die zusammen Pfannkuchen backt, und legen uns deshalb einen Teigportionierer zu, statt einfach Pfannkuchen zu backen. Macht es dieser Portionierer wahrscheinlicher, dass ich Pfannkuchen backe, oder erhöht er nur die Wahrscheinlichkeit, dass ich in den vollgestopften Küchenschränken alles ewig lang suchen muss?

Vergiss nicht: Es ist viel schöner, etwas erzählen zu können, als Dinge vorzeigen zu können. Anerkennung für die Art, wie du dein Leben lebst, ist viel mehr wert als die Anerkennung für deine Besitztümer.

SO ZIEHT DAS GLÜCK BEI DIR EIN –

Lass Gerümpel gar nicht erst entstehen

Wenn wir uns dieses Mechanismus bewusst sind, können wir ihn hinterfragen und sogar bekämpfen. Hier einige Tipps, wie du dir unnötige Neukäufe ersparen kannst.

TUE SO, ALS WÜRDEST DU UMZIEHEN

In Dänemark ziehen die Menschen in ihrem Leben durchschnittlich sechs Mal um. Ich habe es bislang schon auf zwanzig Mal gebracht. Wenn du also vorhast, etwas zu kaufen, überlege dir, ob du es wirklich einpacken, in den Umzugskarton legen, in den Wagen und in die neue Wohnung tragen wollen würdest. Sechs Mal. Bei mir persönlich wäre das definitiv bei den Erinnerungsstücken, die mir viel bedeuten, der Fall. Bei einem Teigportionierer eher nicht.

DENKE DARAN, WIE VIEL GELD DIR DAS NICHT AUSGEGEBENE GELD EINBRINGEN WÜRDE

Wenn du dir den Krempel nicht kaufst, kannst du mehr Geld für dich arbeiten lassen, wodurch du weniger arbeiten gehen musst und mehr Zeit für die Beschäftigungen hast, die dich glücklich machen (mit der Familie Pfannkuchen backen – ohne einen Teigportionierer).

DENKE DARAN, WIE VIEL ZEIT DICH DAS KOSTET

Bei Amazon gibt es ein fußballförmiges Hundespielzeug im Wert von fünfunddreißig Euro. Im Werbetext heißt es, dieses Spielzeug verbessere die geistigen Fähigkeiten deines Hundes und halte ihn davon ab, an deinen Sachen herumzukauen. Außerdem könne man den Ball richtig gut hüpfen lassen und hervorragend im Park oder im Garten werfen. Aha. Und weißt du, womit man noch hervorragend im Park oder im Garten spielen kann? Mit einem Stock. Oh, da ist ja einer!

Nun könntest du sagen, das sind nur fünfunddreißig Euro, und in meinem Geldbeutel wird es langsam zu eng für all die Fünfzig-Euro-Scheine. Nur musst du für all das Geld eben auch arbeiten. Als ich in einer Bäckerei von Mitternacht bis vier Uhr morgens aushalf, bekam ich etwa hundertzwanzig Kronen pro Stunde, das sind ungefähr sechzehn Euro. Entsprechend hätte ich für das Spielzeug gut zwei Stunden arbeiten müssen. Da wir in Dänemark aber etwa fünfzig Prozent Steuern zahlen, müsste ich in Wahrheit sogar gut vier Stunden arbeiten, um mir das Spielzeug leisten zu können. Oder eher viereinhalb Stunden, wenn ich die Fahrradstrecke zur Bäckerei mit einrechne. Ich könnte aber auch einfach viereinhalb Stunden mit meinem Hund spielen. Was glaubst du, würde ihn glücklicher machen?

Henry David Thoreau hat es so formuliert: »Der Preis einer Sache ist die Menge dessen, die ich im Austausch dafür früher oder später hergeben muss.«

Wenn du dieses Spielzeug trotzdem kaufen möchtest, nur zu. Es lohnt sich aber, die Dinge in diesem Licht zu betrachten, weil du dadurch gut herausfinden kannst, ob du etwas wirklich wertschätzt oder eigentlich gar nicht brauchst.

Nimm dich vor Hygge-Washing in Acht

Eine meiner Lieblingsserien ist *Mad Men*. Sie spielt in der Werbebranche der 1960er-Jahre in New York, und an einer Stelle verkündet die Hauptfigur Don Draper: »In der Werbung dreht sich alles nur um eins: Glück«, also kann ich mir die Serie beinahe guten Gewissens zu Recherchezwecken anschauen.

In der Folge »Die goldene Geige« weist der Agenturchef, Bertram Cooper, auf die Grundlagen der Werbebranche hin: »Menschen kaufen Dinge, um sich ihre Sehnsüchte zu erfüllen«, während er auf ein Gemälde von Rothko zeigt, das er gerade erstanden hat. Und es hat tatsächlich schon eine Menge Werbung gegeben, die als Kreativkonzept hauptsächlich auf Glück und gute Laune setzt. Das ist sogar so weit verbreitet, dass Coca-Cola 2016 entschied, ihren Slogan »Mach dir Freude auf« (englisch »Open Happiness«) aus dem Jahr 2009 zu ändern, weil »Glück und Lebensfreude zu häufig verwendet werden«.

Die größte Gefahr für den Kapitalismus wäre es, wenn alle so glücklich und zufrieden wären, dass sie sich nichts kaufen müssten, um es zu werden. Zu Hause zu bleiben und sich an dem zu erfreuen, was man hat, ist so gesehen ein Akt der Rebellion. Und das ist es, worum es bei Hygge wirklich geht: sich das Leben bei niedrigen Kosten schön zu machen. Es geht um das Genießen der kleinen Freuden. Es geht um die Kunst, eine Wohlfühlatmosphäre zu erschaffen.

Eines der wichtigsten Dinge, die wir unseren Kindern beibringen können, ist, wie man das Leben genießen kann, ohne Geld auszugeben. Zwei Schwerpunktthemen des Instituts für Glücksforschung sind, wie wir Wohlstand und Wohlbefinden voneinander entkoppeln können und wie sich Wohlstand am effektivsten in Wohlbefinden umwandeln lässt. Meiner Meinung nach kann Hygge einen wertvollen Beitrag dazu leisten, weil man dafür keinen dicken Geldbeutel benötigt. Hygge ist weder extravagant noch verschwenderisch. Hygge heißt, das Beste aus dem zu machen, was man hat.

Als Hygge über die Grenzen von Dänemark hin bekannt wurde, ging jedoch leider eine Menge verloren. Das wurde mir zum ersten Mal klar, als mich eine amerikanische Journalistin fragte: »Was sollte ich mir als Erstes zulegen, wenn ich es hyggelig haben möchte?«

Je beliebter Hygge wurde, desto mehr legten sich die Unternehmen ins Zeug, ihre Produkte entsprechend zu bewerben. Auch wenn sie das Konzept ein bisschen zu weit fassten, indem sie das Wort »Hygge« auf Abo-Boxen und Detox-Suppen setzten – Dinge, mit denen die Dänen niemals Hygge assoziieren würden.

Charlotte Higgins wies im *Guardian* darauf hin: »Ich habe mitbekommen, wie mit Hygge Kaschmir-Cardigans, Wein, Tapeten, veganer Shepherd's Pie, Schnittmuster, Hautpflegeprodukte, winzig kleines weihnachtliches Hundegeschirr für Dackel, Yoga Retreats sowie Urlaub in einer ›Hirtenhütte‹ in Kent beworben wurden.« Die Wirtschaftsunternehmen haben sich Hygge genauso unter den Nagel gerissen wie Yoga und Achtsamkeit. Sobald etwas beliebt wird, versuchen sie, Kapital daraus zu schlagen.

Als Yoga zum Trend wurde, schossen plötzlich Yogahosen für hundert Euro aus dem Boden. Und um das persönliche Achtsamkeitslevel auf die nächste Stufe zu heben, konntest du einen Achtsamkeits-Speiseteller für nur 19,95 Euro erwerben. Ich freute mich, als ich in der *New York Times* einen Artikel der Zukunftsforscherin Lucie Greene las, in dem sie Hygge als Fortführung des »Wellness«-Trends bezeichnete, der sich auf »Leggings von Lululemon für hundert US-Dollar und kaltgepresste Säfte für zehn US-Dollar das Fläschchen« zu konzentrieren schien. Im Kern geht es bei Hygge aber ganz und gar nicht um kostspielige Dinge. Es geht vielmehr um eine Atmosphäre, um ein bestimmtes Gefühl, das es völlig umsonst gibt und das ganz bescheiden daherkommt. Weniger ist manchmal eben hyggeliger.

Über diese falsche Auslegung von Hygge haben wir nicht nur den Kopf geschüttelt, wir haben sogar ein Gremium gegründet – ein Hygge-Gremium mit dem Ziel, Hygge von der UNESCO als Immaterielles Kulturerbe anerkennen zu lassen. Spanien hat den Flamenco, Italien die Pizza, Belgien die Bierkultur, Dänemark bislang nichts. Mit der Bewerbung wollte das Hygge-Gremium erreichen, dass die ursprüngliche Bedeutung des Wortes »Hygge« geschützt wird. Ich gestehe: Auch ich gehöre dem Gremium an. Und ja, bei unseren Sitzungen gab es Teilchen. Mit unserer ersten Bewerbung sind wir gescheitert, aber wir geben nicht auf.

Wenn auf irgendeinem Verkaufsetikett also »Hygge« steht, überlege dir gut, ob dieser Gegenstand tatsächlich die Atmosphäre bei dir zu Hause positiv verändern oder dein Leben bereichern wird. Wenn dem so ist, wunderbar! Bei Hygge geht es allerdings nicht darum, alles zu haben. Es geht darum, dich an dem zu erfreuen, was du hast, gemeinsam mit deinen Lieben. Es geht nicht um deinen Besitz, sondern um die Atmosphäre, die du kreierst. Es ist ein Gemütszustand. Es ist das Gefühl, zu Hause zu sein.

In diesem Sinn hat Hygge auch etwas mit Genügsamkeit zu tun. Mit den alten Tugenden früherer Generationen, die nicht gleich alles wegwarfen, wenn es kaputt war, sondern es reparierten. Hygge heißt also, kaputte Kleidung wieder instand zu setzen, statt neue zu kaufen. Das Essen im Kühlschrank aufzubrauchen und nicht schlecht werden zu lassen.

Grün macht glücklich

Da so viele von uns heute in Städten leben, stellt ein eigenes Plätzchen im Grünen einen echten Luxus dar und ist gleichzeitig oft unser Lieblingsort. Grillen und Picknicken im Garten an der frischen Luft mit Freunden und Familie ist natürlich tatsächlich wahnsinnig hyggelig, aber es gibt Alternativen. Ich selbst musste den Großteil meines Lebens ohne eigenen Garten auskommen und konnte es mir mit jeder Menge Zimmerpflanzen hyggelig machen. Mithilfe von Zimmerpflanzen lässt sich das Draußen wunderbar nach drinnen holen. Und wie sich herausgestellt hat, fördert jegliches Grün nicht nur das Hygge-Gefühl, sondern auch unsere Gesundheit.

1984 veröffentlichte der Umweltpsychologe Roger Ulrich in der Fachzeitschrift *Science* eine bahnbrechende Studie zur Heilkraft der Pflanzen. Ulrich und sein Team waren die Ersten, die mittels moderner medizinischer Forschungsstandards wie Kontrollgruppen und Quantifizierung untersuchten, ob die Aussicht auf einen Garten die Genesung nach einer Operation beschleunigt. Vergiss nicht, wir schreiben das Jahr 1984, als Songs wie »Karma Chameleon« in den Charts waren – sowohl die Wissenschaft als auch die Musik hatten noch eine steile Lernkurve vor sich.

In einem Krankenhaus in Pennsylvania schauten sich die Forscher also die Akten von Patienten an, die an der Gallenblase operiert worden waren. Einige von ihnen blickten auf Bäume, andere auf eine Hausmauer, wenn sie aus dem Fenster schauten. Nach Bereinigung sämtlicher anderer Faktoren stellte man fest, dass die Patienten mit Blick ins Grüne im Durchschnitt einen Tag früher genesen waren, an weniger Komplikationen litten und deutlich weniger schmerzstillende Medikamente benötigten als die Patienten, die auf eine Hausmauer schauten. Bleibt also zu hoffen, dass nicht nur das Tageslicht, sondern auch die Natur bei der Planung künftiger Krankenhäuser berücksichtigt werden wird.

»Na toll, Herr Doktor«, willst du jetzt vielleicht sagen, »und was mach ich, wenn ich mir so ein Zimmer mit Aussicht nicht leisten kann und auf die Wand starren muss?«

Es gibt gute Nachrichten für dich. Professor Ulrich hat nämlich noch mehr herausgefunden, als er 1993 eine zweite Studie anging, diesmal am Universitätsklinikum im schwedischen Uppsala. Hundertsechzig Patienten, die nach einer Herz-OP auf der Intensivstation lagen, teilte man per Zufallsprinzip eine der folgenden sechs Aussichten zu: eine große Fotografie eines von Bäumen gesäumten Bachs, eine große Fotografie eines schattigen Waldes, die nackte Wand, eine weiße Tafel oder eines von zwei unterschiedlichen abstrakten Gemälden.

Ergebnis war, dass sich die Patienten mit der Fotografie von Bach und Bäumen im Zimmer weniger Sorgen machten und weniger häufig zu starken Schmerzmitteln griffen als alle anderen Teilnehmenden der Studie.

Lass mich bitte eins klarstellen: Sich das Foto eines von Bäumen gesäumten Bachs anzuschauen wird keine Krebserkrankung heilen. Inzwischen gibt es jedoch eine Vielzahl überzeugender Studien, die belegen, dass die Aussicht auf Grün und die Natur das Schmerz- und Stressempfinden senken kann. Und da sich Stress negativ auf unser Immunsystem auswirkt, ist der Blick ins Grüne ein wahrer Segen für die Gesundheit und das Wohlbefinden.

Weniger wissenschaftlich lässt sich zu diesem Schluss kommen, wenn wir auf Instagram die über 3,2 Millionen Beiträge mit dem Hashtag plantsmakepeoplehappy sehen. Und es gibt viele Gründe, warum uns Zimmerpflanzen glücklich machen. Studien zufolge können Pflanzen die Luft in unseren Innenräumen reinigen, insbesondere Grünlilie, Schwertfarn und Birkenfeige. Außerdem senkt es erwiesenermaßen unser Stresslevel und hebt unsere Stimmung, wenn wir uns um Pflanzen kümmern. Weil wir uns dadurch fernab irgendeines Bildschirms mit einem Stück Natur beschäftigen und weil es eine Wohltat ist, ein Lebewesen dank der eigenen Fürsorge wachsen und gedeihen zu sehen. Ob du etwas darüber auf Instagram postest oder nicht, deine Zimmerpflanzen tun viel mehr Gutes für dich, als die Wohnung zu begrünen und zu verschönern.

Drinnen schaffen Pflanzen also ganz easy eine hyggelige Atmosphäre, und draußen genauso. Bringe auch dort eine Vielzahl an Pflanzen unter, denn eine große, weitläufige Rasenfläche ist furchtbar langweilig und nicht besonders hyggelig. Für unsere Außenbereiche gelten nämlich die gleichen Hygge-Grundsätze wie für unsere Innenbereiche.

SO ZIEHT DAS GLÜCK BEI DIR EIN –

Wie du das meiste aus deiner Grünfläche herausholst

Auch deinen Außenbereich solltest du in unterschiedliche Zonen einteilen, die sich im Idealfall an deinen verschiedenen Beschäftigungen und Bedürfnissen orientieren. Eine dieser Beschäftigungen besteht natürlich darin, es dir in deiner Hygge-Ecke im Garten schön hyggelig zu machen.

Es ist wie mit Städten und Straßen: Wenn du einen Kilometer weit schauen kannst, ist ein Spaziergang nicht so spannend wie in den mittelalterlichen Altstädten Europas. Die gewundenen Gässchen dort verheißen hinter jeder Ecke neue Entdeckungen. Und das lässt sich auch auf Gärten übertragen. Mehrere unterschiedliche kleine Plätze machen die Anlage interessanter – und hyggeliger. Gestalten kannst du solche gemütlichen Ecken, indem du Mauern, Wände oder Wälle errichtest oder Bäume und Hecken pflanzt, Rankhilfen oder eine Pergola aufstellst. Es gibt haufenweise Möglichkeiten, je nach deinem Budget und Größe deines Gartens.

Eine Terrasse mit Tisch und Stühlen kannst du im Nu hyggeliger machen, indem du drum herum Kübelpflanzen aufstellst und so einen geschützten Raum erschaffst. Damit sorgst du gleichzeitig auch für das richtige Mikroklima in deiner Hygge-Ecke. Richte dir einen Ort ein, an dem du liebend gerne ein paar Stunden mit einem Buch auf dem Schoß und den Füßen auf dem Tisch verbringen möchtest.

Jenseits der eigenen vier Wände: Grüne Oasen in der Stadt

Überall auf der Welt sind die Städte und ihr Umland von fortschreitender Zersiedelung betroffen, das heißt, sie dehnen sich an den Rändern immer weiter aus. Oftmals ist die Einwohnerdichte in diesen neu erschlossenen Gebieten sehr gering, der Landverbrauch also groß, und Stadtplanung und urbaner Gestaltung wurde derart wenig Beachtung geschenkt, dass sich die Bewohner auf ihr Auto verlassen müssen. Die negativen Konsequenzen dieses Phänomens sind sowohl eine höhere Luftverschmutzung als auch mehr Staus und Verkehrsunfälle.

Der sogenannte Fünffingerplan für Kopenhagen setzte dem schon früh etwas entgegen. Er lenkt die Regionalentwicklung des städtischen Großraums bereits seit mehr als einer Generation und ist zu einer Ikone vorbildlicher Stadtplanung geworden. Seinen Anfang nahm er im Jahr 1947.

Die Altstadt Kopenhagens bildete in diesem Plan die Handfläche, die erst noch zum Stadtzentrum entwickelt werden musste und von der aus die Stadt entlang von fünf Achsen wachsen sollte. Entlang dieser »Finger« sollten nicht nur Wohnungen geschaffen werden, sondern auch S-Bahn-Linien und Autobahnen angelegt werden, dazwischen naturnahe Erholungsflächen verbleiben. Die Bewohner der neuen Vororte sollten es nicht weit zu grünen, offenen Räumen haben. Die Natur direkt vor der Tür. Raum zwischen den Städten.

Leider ist das nicht in allen Städten so, doch zumindest London ist ziemlich vorbildlich, was den Anteil öffentlicher Grünflächen anbelangt: Sie machen 16,8 Prozent der Gesamtfläche aus und beheimaten acht Millionen Bäume. Die Hauptstadt Großbritanniens wurde 2019 offiziell zur weltweit ersten Nationalparkstadt (National Park City, NPC) gekürt. Ziel dieser Initiative ist es, dass die Bürger in Kooperation mit Verwaltung, Besuchern und Partnerorganisationen die Städte grüner, gesünder und wilder machen, damit die Leute sich mehr im Freien aufhalten. Ins Leben gerufen von der National Park City Foundation, gemeinsam mit World Urban Parks und dem Salzburg Global Seminar, verfolgt die Kampagne das Ziel, bis zum Jahr 2025 mindestens fünfundzwanzig neue Nationalparkstädte zu ernennen. Es werden bereits Gespräche mit anderen Städten geführt, die sich diesen Status wünschen. Nicht allen wird er vergönnt sein, doch zum Glück ist diese Kampagne nur eine von vielen, die sämtlichen Menschen Naherholung im Grünen ermöglichen möchte.

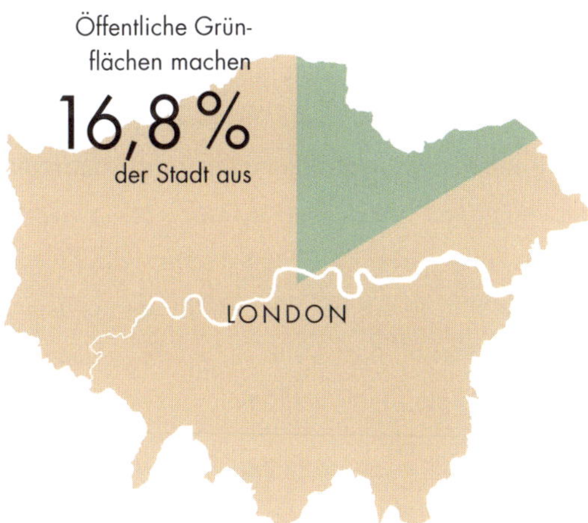

Hygge: Ein schönes Leben für kleines Geld

Meine allerliebste Wanderstrecke auf der Welt ist das Naturgebiet Hammerknuden auf Bornholm. In diesem Gebiet liegt das Hammershus – Hammerhaus –, das aus dem 13. Jahrhundert stammt und einst die größte mittelalterliche Festung Skandinaviens war. Die Burgruine thront auf einem Hügel über der Ostsee, liegt inmitten von üppigen Wäldern und hügeligen Felsen und ist besonders schön anzuschauen, wenn im Spätsommer die Heidelandschaft blüht. Am Fuß der steilen Klippe siehst du Felsen aus dem Wasser ragen, die wie Löwen- und Kamelköpfe wirken, und hast Aussicht auf die nahe gelegenen Seen Hammer, Opal und Krystal, deren Namen aus *Herr der Ringe* zu stammen scheinen.

An einigen Stellen kannst du Wacholderbeeren für deinen Gin Tonic pflücken, an der Küste auch Hagebutten für Marmelade und Chutneys. Sogar Pfifferlinge gibt es, aber diese geheime Stelle werde ich niemals verraten. Auf den Felsen über den Seen machen die Ziegen ihr Nickerchen, während die Schafe auf den Wanderpfaden grasen. Sie lassen dich normalerweise vorbei. Nur wenn dir ein Schottisches Hochlandrind entgegenkommt, musst du einen Schlenker machen. Schlimmer wird die Rushhour auf Bornholm nicht.

In solch einer Kulisse, mit frischer Luft in den Lungen, kann man sich nur allzu gut vorstellen, wie positiv es sich auf Körper und Geist auswirkt, einen Fuß vor den anderen zu setzen. Eine meiner liebsten Freizeitaktivitäten wird daher immer das Wandern sein, und es kann jede denkbare Form annehmen, von längeren Touren mit meinem treuen, alten Rucksack und meiner Thermoskanne auf Bornholm bis hin zu meinem täglichen Abendspaziergang in den städtischen Grünanlagen. Wenn ich in ein neues Viertel von Kopenhagen ziehe, schaue ich zuallererst, wo es dort das meiste Grün und die meisten Bäume gibt, um meine neue Route dort entlang zu planen. Ich bin sicher, das kannst du auch, ganz egal, wo du wohnst.

Nach Hygge-Art zu leben und dir ein hyggeliges Heim zu erschaffen bedeutet auch das Wissen darum, dass am Glück kein Preisschild hängt. Es bedeutet, dass wir zwischen dem, was wir besitzen, und dem, was wir fühlen, zu unterscheiden lernen. Ein hyggeliges Gefühl kann überall und bei allen Menschen entstehen, also achte darauf, wenn dir etwas Freude bringt und ganz umsonst oder zumindest nicht teuer ist. Hygge ist, sich mit kleinem Geldbeutel ein schönes Leben zu machen und die eigenen vier Wände zum Leben, nicht zum Abstellen der Besitztümer zu nutzen. Hygge ist das, was deine Wohnung zum Zuhause macht.

CHECKLISTE FÜR EINE ARCHITEKTUR DES GLÜCKS

- ❑ Kannst du deine Wohnung geräumiger wirken lassen? Finde ein neues Zuhause für die Dinge, an denen dein Herz nicht mehr hängt, und überlege es dir gut, wenn du etwas Neues anschaffen willst. Unnötigen Krempel gar nicht erst zu kaufen, das entfacht wahre Freude in dir.

- ❑ Nimm dich vor dem Diderot-Effekt und Hygge-Washing in Acht. Lass nicht die Privatwirtschaft bestimmen, was Hygge ist. Behalte im Hinterkopf, dass es dabei vor allem um Atmosphäre und Beisammensein, nicht um Gegenstände geht.

- ❑ Grün ist gut. Grün bringt's. Es ist wieder und wieder erwiesen worden, dass Pflanzen unsere Gesundheit und unser Wohlbefinden positiv beeinflussen, ob wir im Krankenhaus liegen oder eine von Bäumen gesäumte Straße entlangspazieren. Also bring die Natur unbedingt auch in dein Zuhause.

KAPITEL

5

GEMEIN-SCHAFT GESTALTEN

Ein hyggeliges Zuhause ermöglicht Beisammensein und Zusammengehörigkeit. Dort hast du das Gefühl, von Menschen umgeben zu sein, die dich gut kennen und dir den Rücken freihalten. Ein hyggeliges Zuhause ist ein geselliges Zuhause. Oder um es mit den Worten des großartigen Ralph Waldo Emerson zu sagen: »Die Schmuckstücke eines Hauses sind die Freunde, die darin verkehren.«

Ich habe stets den gleichen Vorsatz für das neue Jahr: Mindestens einmal im Monat Freunde zum Abendessen zu mir nach Hause einzuladen. Jedes Jahr versage ich aufs Neue – Reisen, Abgabetermine und Coronaviren kommen mir in die Quere –, doch dank dieses Vorsatzes habe ich immerhin mehr Leute zu Besuch, als wenn ich ihn nicht gefasst hätte.

Ein Ergebnis, zu dem wir bei unseren Glücksforschungen immer wieder kommen, ist die Bedeutung zwischenmenschlicher Beziehungen. Sie sind es, die unserem Leben Sinn und Bedeutung verleihen, und sie sind eine der Hauptzutaten von Glücksrezepten. Wenig überraschend also, dass unsere sozialen Bedürfnisse nach Zugehörigkeit und Freundschaft in der Maslow'schen Bedürfnispyramide einen zentralen Platz einnehmen. Und das stärkste Zugehörigkeitsgefühl – meine hyggeligsten Momente – habe ich persönlich kaum in Sternerestaurants verspürt, sondern in den eigenen vier Wänden oder bei Freunden und Verwandten, bei einem leckeren Essen in guter Gesellschaft.

Dürfte ich ein allgemeingültiges Gesetz verabschieden, würde ich jedem von uns eine zusätzliche gute Freundin oder einen zusätzlichen guten Freund zuteilen und dafür sorgen, dass sich niemand ausgegrenzt fühlt. Ich bin der Meinung, die Gestaltung unserer Häuser und unserer Wohngegend spielt bei diesem Vorhaben eine große Rolle. Dafür müssen wir uns zuallererst überlegen, wie die Menschen überhaupt zusammenkommen und miteinander in Verbindung treten, wie man sicherstellen kann, dass dabei niemand ausgeschlossen wird, und wie wir erfüllende Beziehungen aufbauen.

Glück zum Abendessen

Mein Lieblingstisch ist der Esstisch. Er bringt die Menschen zusammen, ist ein Ort der Gemeinschaft. Dort tauschen wir uns aus, dort erfahren wir mehr über die Welt, dort entwickelt sich unsere Sprache, und dort treten wir regelmäßig in Kontakt mit unseren Lieben. In den letzten zehn Jahren hat mich die Frage beschäftigt, wie wir bessere Essensrituale etablieren können – nicht nur, was die Ernährung anbelangt, sondern auch, was das Glücksgefühl betrifft.

Was sich sehr positiv auf unser Wohlbefinden auswirkt, ist das Essen in Gemeinschaft, das haben inzwischen etliche Studien untermauert. Gemeinsame Mahlzeiten mit der Familie führen bei Jugendlichen zu besseren Noten, stärken das Zugehörigkeitsgefühl und verbessern die kommunikativen Fähigkeiten. Außerdem verringern sie das Risiko für Fettleibigkeit und depressive Erkrankungen, selbst nach der Bereinigung um den Faktor des generellen Familienzusammenhalts.

Leider nimmt in einigen Ländern die Zahl der gemeinsamen Mahlzeiten immer mehr ab. In den USA geben fünfundneunzig Prozent der Menschen an, heute weniger oft mit der eigenen Familie zu essen, als sie es aus ihrer Kindheit kennen. In einem Großteil der US-amerikanischen Haushalte findet nach Angaben der Bewohner an weniger als fünf Tagen in der Woche eine gemeinsame Mahlzeit statt, und im Durchschnitt wird dort eine von fünf Mahlzeiten im Auto zu sich genommen, so die Zeitschrift *The Atlantic*. Diese Zahlen stammen aus dem Jahr 2014, und ich fürchte, seither hat sich das Blatt nicht zum Positiven gewendet.

In Großbritannien sieht es auch nicht viel besser aus. Eine Umfrage des Social Issues Research Centre im Jahr 2018 hat ergeben, dass ein Abendessen dort durchschnittlich gerade mal einundzwanzig Minuten dauert und oft vor dem Fernseher eingenommen wird. Der Esstisch kommt nur noch bei besonderen Anlässen zum Einsatz, und ein Fünftel der britischen Haushalte besitzt nicht mal mehr einen. Die Freuden des Essens vor dem Fernseher sind mir nicht fremd, bei mir zu Hause ist es am Neujahrstag schon beinahe Tradition. Nur handelt es sich dabei eben um eine Ausnahme und nicht um die Regel.

Bei mir zu Hause ist der Esstisch der Ort, an dem ich mit meinen Lieben zusammenkomme. Dort erfahre ich, wie der Tag bei ihnen lief. Dort reden wir über Höhen und Tiefen, über die Vergangenheit und die Zukunft, und dort kann ich vor allen Dingen meine Kalauer zum Besten geben. (Was ist rechtlich geschützt und schwimmt auf dem See? Die Patente.) Kurzum: Für mich ist das der beste Teil des Tages.

Gelegentlich vor dem Fernseher zu essen ist schon in Ordnung, doch wenn wir uns dazu nie an den Tisch setzen, versäumen wir ein Investment mit hohem Happiness-Ertrag. Der Esstisch ist der Ort, an dem wir etwas für das geistige und körperliche Wohlbefinden unserer Freunde und Verwandten tun können. Und ich bin nicht der Einzige, der sich mehr gemeinsame Mahlzeiten wünscht. Die Umfrage des Social Issues Research Centre hat ergeben, dass in Großbritannien siebenundvierzig Prozent der Menschen gerne öfter zusammen essen würden, entweder bei sich zu Hause oder bei einem Familienmitglied. Neunundvierzig Prozent betrachten gemeinsame Mahlzeiten mit der Familie sogar als die wertvollste gemeinsam verbrachte Zeit überhaupt.

SO ZIEHT DAS GLÜCK BEI DIR EIN –

Welche Art Essen beschert euch mehr gemeinsame Zeit zu Tisch?

Längere gemeinsame Mahlzeiten kannst du ganz einfach dadurch erreichen, dass du deinen Gästen Essen servierst, für das sie arbeiten müssen. Je mehr Kochvorgänge du an den Esstisch verlagern kannst, desto besser. Bei den folgenden Gerichten wird sich garantiert keiner vor den Fernseher setzen können.

DINOSAURIERFÜSSE

Wenn es zu Hause Artischocken gibt, dauert das Essen in der Regel zwölf Minuten länger als sonst. (Ich habe die Zeit gestoppt!) Meistens serviere ich sie als Beilage, aber sie eignen sich auch gut als Vorspeise. Die Vorbereitung dauert gerade mal eine Minute.

Die Artischocken kochst du – je nach Größe – etwa dreißig Minuten lang in einem großen Topf mit gesalzenem Wasser und dem Saft einer halben Zitrone. Wenn sich die Blätter leicht lösen lassen, sind sie fertig.

Gieße das Wasser ab, und serviere die Artischocken im Ganzen mit etwas gesalzener Butter. Tunke Blatt für Blatt hinein, zieh es durch deine Zähne, und lutsch das Innere heraus. Slow Food vom Feinsten! Sobald du alle Blätter gegessen hast, kommst du an einen faserigen Teil. Entferne das Haarige, und du hast das köstliche Herzstück vor dir.

Und wenn du deinen Kindern Appetit auf Artischocken machen möchtest, erzählst du ihnen, es gäbe Dinosaurierfüße zum Abendessen.

WRAP-PARTY

Mit vietnamesischen Sommerrollen und mexikanischen Tacos esst ihr ganz viel frisches Gemüse und stellt euch alles individuell zusammen – am Tisch.

Für die Sommerrollen schneidest du Karotten, Frühlingszwiebeln, Gurken und etwas Romanasalat klein – am besten in dünne Streifen – und richtest sie auf einem großen Teller an. Arrangiere Erdnüsse, Sojasprossen, frische Minze und Koriander, in dünne Scheiben geschnittene Chilischoten, Hoisin-Soße und eventuell Garnelen in Schälchen, und stelle alles in die Mitte.

Platziere außerdem eine große Schale mit heißem Wasser und einen Stapel Reispapier auf dem Tisch.

Nun dürfen deine Gäste jeweils ein Reispapier in das heiße Wasser tauchen, auf dem Teller ihre Lieblingszutaten in einer mittigen Reihe darauf anrichten und dann alles zusammenrollen.

Wenn ihr Lust auf mexikanisches Essen habt, ist das Prinzip das gleiche: Richte Tortilla-Fladen oder Tacos zusammen mit den möglichen Füllungen auf dem Tisch an, und lass deine Freunde und Verwandten ihr Essen selbst zusammenstellen. Lecker sind Guacamole, Zwiebeln, schwarze Bohnen, Ananas, frischer Koriander und frische Chilischoten.

SWEET DREAMS ARE MADE OF CHEESE

Who am I to diss a Brie? Ja, es ist Zeit für die Achtzigerjahre-Version von Tapas: das gute alte Käsefondue. Auch damit lässt sich das Essen entschleunigen und die Zubereitung an den Tisch verlagern.

Reibe das Innere eines Fonduetopfs mit einer Knoblauchzehe aus, und füge eine Tasse Weißwein sowie etwa 500 Gramm geriebenen Käse hinzu (zum Beispiel eine Mischung aus Emmentaler und Gruyère). Im Schweizer Original gehört immer auch ein Gläschen Kirschwasser dazu. Schmelze die Mischung bei mittlerer Hitze und unter ständigem Rühren, bis sie weich und cremig wird.

Traditionell tunkt man anschließend Brotstücke in den heißen Käse, doch ich würde dir eine Mischung deines Lieblingsgemüses empfehlen, entweder in Streifen oder in Würfel geschnitten. Probiere es mal mit Rettich, Paprika und kleinen gebackenen Kartoffeln.

En Guete mitenand!

Das Prinzip des leeren Stuhls

Wenn es dir wie mir geht, fühlst du dich auf Empfängen, die du allein besuchst, unwohl. Schon das Balancieren von Kanapee und Weinglas während des Händeschüttelns ist eine Herausforderung. Vorher kommt allerdings noch die »Ich-kenne-hier-keinen,-und-alle-unterhalten-sich,-also-schaue-ich-einfach-auf-mein-Handy«-Phase. Ich verrate dir deshalb einen Design-Kniff, mit dem du dich in Zukunft vielleicht einfacher in ein Gespräch einschalten kannst.

Vor einigen Jahren untersuchten wir am Institut für Glücksforschung, wie sich verschiedene Freizeitaktivitäten auf das Wohlbefinden junger Menschen auswirken. Unter anderem beschäftigten wir uns mit Live-Rollenspielen. Dabei schlüpfen die Teilnehmenden in ein Kostüm, gehen zum Beispiel in den Wald und bekämpfen sich dort als Orks und Elben mit Schwertern und Zaubersprüchen. Daran fanden besonders die Jugendlichen Gefallen, die sich als eher introvertiert beschrieben und nichts mit herkömmlichen Sportarten anfangen konnten. Genau wie ich vor dreißig Jahren.

Wir beobachteten die Teilnehmenden über einen längeren Zeitraum, nämlich von dem Zeitpunkt vor Beginn der Aktivität bis achtzehn Monate danach, wobei wir ihnen jeweils dieselben Fragen stellten. Dadurch konnten wir die Ergebnisse um den Einfluss anderer Entwicklungen während dieser Phase bereinigen, etwa die Scheidung der Eltern.

Was wir bei den Teilnehmenden solcher Rollenspiele feststellten, war ein deutlich höheres Verbundenheitsgefühl. Sechzehn Prozent mehr waren nun mit ihren zwischenmenschlichen Beziehungen zufrieden, und zwanzig Prozent mehr gaben an, sich bei jemandem melden zu können, wenn es ihnen nicht gut ging. Selbst der Grad an Lebenszufriedenheit, der sich bekannterweise nur schwer ändern lässt, stieg um zwölf Prozent.

DIE POSITIVEN AUSWIRKUNGEN VON LIVE-ROLLENSPIELEN

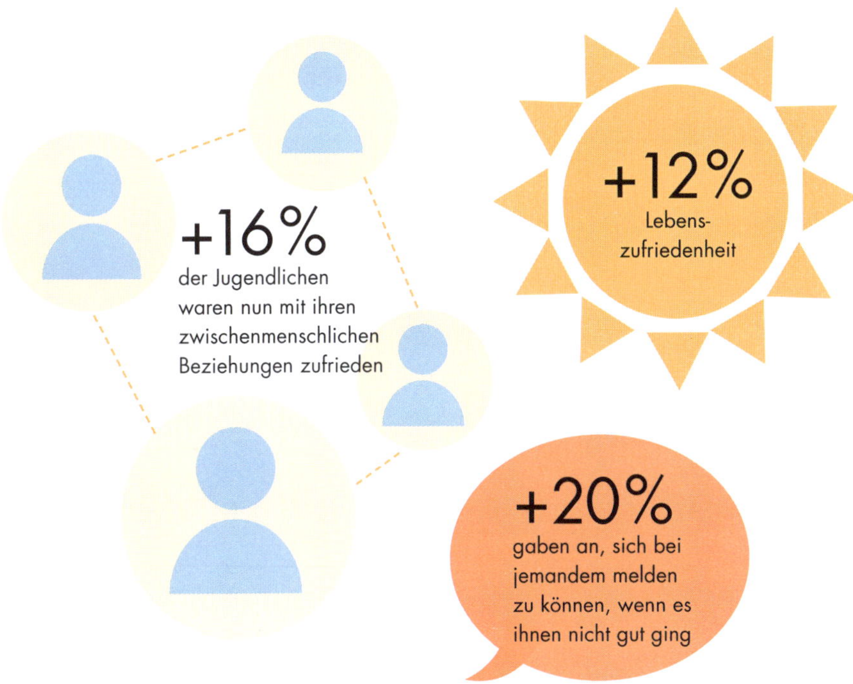

Diese Rollenspiele ermöglichten es den Teilnehmenden nicht nur, ihre sozialen Fähigkeiten effektiv zu verbessern, indem sie neue Rollen und Persönlichkeiten ausprobierten, sondern sie taten ganz nebenbei auch noch etwas für ihre körperliche Fitness, indem sie zum Beispiel vor den Axt schwingenden Ork-Horden davonrannten. Auch die Art, wie sie ihre Treffen durchführten, war bemerkenswert. Hin und wieder mussten nämlich neue Events geplant werden, und bei diesen Sitzungen erfuhr ich vom Prinzip des leeren Stuhls.

Sie hatten die Idee, dass am Tisch immer ein Stuhl frei blieb, damit sich ein potenzieller Neuling leichter in die Gruppe einfand. Es war die Aufgabe der übrigen Teilnehmenden, stets für diesen freien Stuhl zu sorgen, und das ist ein wunderbares Beispiel dafür, wie sich Inklusion gestalterisch umsetzen lässt. Ganz ähnlich verhielt es sich bei den Treffen, die im Stehen abgehalten wurden. Wenn die Teilnehmenden etwas in Dreier- oder Vierergrüppchen besprachen, wurden sie gebeten, keine geschlossenen Kreise zu bilden, sondern sie offen zu lassen, damit sich ihnen jederzeit ein Neuling anschließen kann.

Wie wir die soziale Infrastruktur und die sozialen Räume gestalten, ist enorm wichtig für die Lebensqualität der Menschen. Diese Orks und Elben schafften es, einen Ort zu kreieren, an dem die Barrieren für soziale Interaktion so niedrig waren, dass sich auch introvertierte Jugendliche der Gruppe anschließen konnten. Die Umsetzung ist denkbar einfach und eignet sich für jede Art des Beisammenseins und jeden Arbeitsplatz.

Seit ich das Prinzip des leeren Stuhls live erlebt habe, gehe ich viel achtsamer damit um, wie sich Sitzpläne auf das Verhalten der Leute und die Atmosphäre im Raum auswirken. Wenn wir am Institut für Glücksforschung zum Beispiel Einstellungsgespräche führen und mehrere von uns daran teilnehmen, setzen wir uns nicht alle der Bewerberin oder dem Bewerber gegenüber. So ist die Atmosphäre entspannter, und das ist wichtig, damit sich die Bewerbenden von ihrer besten Seite zeigen können. Wir sind auf ihrer Seite, und das sollen sie spüren.

Die Form von Hygge

Vor zwanzig Jahren aß ich mit einer Gruppe von Freunden in einem Restaurant in der Innenstadt von Kopenhagen zu Abend. Das Essen war köstlich, der Wein floss in Strömen, und das Lachen kam von Herzen. Als wir gingen, meinte die Bedienung zu uns, dass es ausgesehen habe, als hätten wir einen schönen Abend gehabt.

»Ja, den hatten wir wirklich. Es war echt toll«, entgegnete ich.

»Das liegt an unserem magischen runden Tisch«, sagte die Kellnerin und nickte in seine Richtung. »An diesem Tisch haben es die Leute immer schön. Schade, dass wir nur einen davon haben.«

Dort wurden mir die Vorteile eines runden Tischs zum ersten Mal bewusst. Obwohl ich nach den Legenden um König Artus natürlich schon viel früher darauf hätte kommen können. Wie du wahrscheinlich weißt, soll König Artus die bedeutendsten Ritter seines Reichs auf seiner Burg Camelot an einem gewaltigen runden Tisch versammelt haben. Bei einer solchen Tafelrunde sitzt niemand am Kopfende, wodurch es viel gleichberechtigter zugeht. Ein runder Tisch bringt also Gleichheit und Frieden, aber er hat auch alltäglichere Vorteile: Er sorgt für eine gemütlichere Atmosphäre und mehr Platz.

An einem runden Tisch können sich alle gegenseitig in die Augen schauen, das macht es persönlicher und intimer. Außerdem können sich alle jederzeit in die Unterhaltung einklinken, weshalb die Gespräche mehr in die Tiefe gehen und persönlicher werden können. Keiner hat den Vorsitz am Kopf des Tischs, keiner sitzt ausgeschlossen am Ende. Ein weiterer Vorteil ist, dass selbst bei einer ungeraden Gästezahl alle Sitzplätze gleichmäßig verteilt werden können.

Ein runder Tisch nimmt zudem weniger Platz ein als ein rechteckiger, da die gebogenen Ränder die Grundfläche besser nutzen. Um nicht »Essen im Flugzeug« zu spielen, also mit den Ellenbogen aneinanderzustoßen, gilt die Faustregel: Plane für jeden Gast sechzig Zentimeter ein. (Das hängt natürlich auch von den Stühlen ab.) Ein Tisch mit hundertfünfzig Zentimetern Durchmesser hat einen Umfang von mehr als vierhundertsiebzig Zentimetern, es können also bequem acht Personen daran Platz nehmen. An einem Tisch mit hundertzwanzig Zentimetern Durchmesser gibt es fünf Sitzplätze.

Es kann allerdings auch ausufern. Der größte runde Tisch, den ich je gesehen habe, hatte einen Umfang von achtzehn Metern. Er nannte sich »Parliament of Nature« und war eine Sonderanfertigung für den UN-Klimagipfel in Kopenhagen im Jahr 2009. Ein runder Tisch kann natürlich nicht unendlich groß sein. Wenn die Leute zu weit auseinander sitzen, verwandelt sich das Gespräch in einen Schreiwettbewerb. »ICH SAGTE, DER FISCH SCHMECKT LECKER!!«

SO ZIEHT DAS GLÜCK BEI DIR EIN –

Die richtige Bestuhlung und Sitzordnung kann ein größeres Gemeinschaftsgefühl erzeugen

Damit meine ich zum einen das Prinzip des leeren Stuhls. Zum anderen kannst du deinen Gästen das »Anbandeln« erleichtern, indem du sie beispielsweise auf gemeinsame Interessen und Hobbys aufmerksam machst: »Ihr zwei seid die Fermentier-Gurus in meinem Bekanntenkreis.« Bei einer größeren Gruppe kann eine ausgeklügelte Sitzordnung hilfreich sein, und Familienessen werden abwechslungsreicher, wenn ihr ab und zu die gewohnten Plätze tauscht.

Ein hyggeliges Gespräch

Fühlst du dich einigen Menschen nahe? Hast du das Gefühl, es ist immer jemand für dich da? Hast du das Gefühl, manche Menschen in deinem Leben kennen dich richtig gut? Die Antworten auf diese Fragen stehen meist in direktem Zusammenhang mit deinem Grad an Zufriedenheit und dem Gefühl von Sinnhaftigkeit in deinem Leben.

In einer im Fachmagazin *Psychological Science* veröffentlichten Studie der University of Arizona und der Washington University in Saint Louis ging es um die Verbindung zwischen der Lebenszufriedenheit und der Art von Unterhaltung, die die Leute üblicherweise führen. Die neunundsiebzig Teilnehmenden trugen vier Tage lang elektronische Aufnahmegeräte, die alle zwölfeinhalb Minuten eine dreißigsekündige Aufzeichnung starteten. Sämtliche dieser 23.689 Aufzeichnungen im Wachzustand wurden anschließend daraufhin untersucht, ob die Person allein oder in Gesellschaft war und ob sie dabei Small Talk hielt (»Was hast du da? Oh, Popcorn! Lecker!«) oder ein eher tiefgründiges Gespräch führte (»Sie hat sich in deinen Vater verliebt? Haben sich die beiden dann scheiden lassen?«).

Um abschätzen zu können, wie glücklich die Teilnehmenden generell waren, wurden ihnen verschiedene Fragen zu ihrem Wohlbefinden gestellt, etwa wie zufrieden sie auf einer Skala von 1 bis 10 mit ihrem Leben waren, und eine Reihe Ja-Nein-Fragen wie »Betrachtest du dich als glücklich und zufrieden?«. Im Abstand von drei Wochen wurden die Teilnehmenden zweimal mit diesen Fragen konfrontiert. Ergebnis war, dass es tatsächlich einen Zusammenhang zwischen mehr Wohlbefinden und mehr Gesprächszeit gab, besonders dann, wenn es sich bei den

Gesprächen um mehr tiefgründige Unterhaltungen und weniger um Small Talk handelte.

Wenn wir die glücklichsten mit den unglücklichsten Teilnehmenden vergleichen, verbrachten die glücklichsten fünfundzwanzig Prozent weniger Zeit allein und hatten doppelt so viele gehaltvolle Gespräche. Selbstverständlich könnte man diesen Zusammenhang auch umkehren: Glückliche Menschen ziehen andere Menschen und tief gehende Gespräche eher an als unglückliche. Trotzdem bin ich der Meinung, dass der Zusammenhang in beide Richtungen besteht.

Nun lautet die Frage: Wie initiieren wir gehaltvolle Gespräche? Heutzutage nehmen dafür viele Leute Apps, Spiele oder Karten zu Hilfe, und eines davon ist das Hygge-Kartenspiel. Es verspricht, uns in die richtige Stimmung für einen hyggeligen Abend zu bringen, »mit über dreihundert Fragen, die zum Nachdenken anregen. Gemütliche Unterhaltungen in angenehmer Gesellschaft. Perfekt für einen Abend daheim, für eine kleine Feier oder ein Abendessen mit Freunden oder Verwandten.« Um ehrlich zu sein, habe ich bei der Vorstellung eines Hygge-Spiels zuerst in mich hineingelacht. Es wirkte einfach zu gekünstelt. Dann nahm ich dieses Spiel an einem Freitagabend im Dezember 2019 mit, als mein Institutsteam und ich zu einem After-Work-Glühwein aufbrachen.

Es beinhaltete Fragen wie: Was war dein schönstes Erlebnis mit einem oder mehreren deiner besten Freunde? Hast du als Kind jemals etwas vor deinen Eltern geheim gehalten? Wenn du die Hauptrolle in einem Film spielen dürftest, welche wäre das?

Wir hatten stundenlang Spaß mit diesen Fragen, und seither besteht das Team darauf, dass wir es bei gemeinsamen Abendessen und Ausflügen dabeihaben. Es entfacht wunderbare Gespräche, in denen wir uns gegenseitig besser kennenlernen und Dinge über uns erfahren, die wir sonst nicht mal geahnt hätten.

Die US-Kongress-Abgeordnete Alexandria Ocasio-Cortez hat einmal auf Instagram gepostet, dass sie ihre wöchentlichen Teamsitzungen mit einem Set Gesprächskarten beginnt. »Ich verrate meistens zu viel«, schrieb sie dort zu einer Gesprächskarte, die da lautete: »Erzähle mir von einem Moment, in dem sich dein Leben ganz erfüllt anfühlte.« Diese Fragen helfen ihr zufolge dabei, dass sich die Mitglieder ihres Teams besser verstehen und sich »ein paar Minuten die Woche auf einer tieferen menschlichen Ebene« begegnen.

Nicht nur Ocasio-Cortez und meinem Team gefallen solche Gesprächskarten. Eine Version davon namens »Table Topics« hat sich bereits über 3,5 Millionen Mal verkauft. Darin enthalten sind Fragen wie: Über welches Thema weißt du besser Bescheid als irgendwer sonst in diesem Raum? In welche Epoche würdest du mit einer Zeitmaschine reisen? Bist du je von der Security von einem Veranstaltungsort weggeführt worden? Ich persönlich würde antworten mit: Glück; ins 15. Jahrhundert; definiere »geführt«.

Die große Beliebtheit solcher Apps und Kartenspiele deutet auf ein Bedürfnis nach Beisammensein jenseits steifer Konversationen hin, und in den polarisierten Gesellschaften heutzutage handelt es sich bei der Gesprächskompetenz womöglich um die am stiefmütterlichsten behandelte Fähigkeit. Die Kunst des Gesprächs, echte Kommunikation, ist ein Balanceakt zwischen Reden und Zuhören. Und so geht es beim Gestalten eines Gemeinschaftsgefühls nicht nur um die Form des Tischs und die Sitzordnung, sondern auch darum, dass wir eine Schulter zum Anlehnen und ein offenes Herz mitbringen.

SO ZIEHT
DAS GLÜCK BEI DIR EIN –

Zeigt euch auch die nicht perfekten Seiten

Echte Nähe und Verbundenheit kann entstehen, wenn wir uns trauen, uns zu öffnen und unsere verletzliche Seite zu zeigen.

Die besten Gespräche, die ich je hatte, die Verbundenheit erzeugten oder vertieften, sind häufig dadurch entstanden, dass sich irgendwer mit seinen Problemen oder Schwächen geöffnet hat. Interessanterweise wird dieses Offenlegen nämlich zwar nicht immer, aber doch in den allermeisten Fällen erwidert. Einer der größten Philosophen des 20. Jahrhunderts, Pu der Bär, hat es einmal so formuliert: »Du kannst nicht immer in der Ecke des Waldes bleiben und darauf warten, dass andere zu dir kommen. Du musst auch manchmal zu ihnen gehen.«

Genieße die Stille

Zwei Dänen gehen angeln. Am ersten Tag angeln sie und schweigen. Am zweiten Tag angeln sie und schweigen. Am dritten Tag sagt einer von ihnen beim Angeln: »Schönes Wetter heute«, und der andere entgegnet ihm: »Sind wir zum Reden oder zum Angeln hier?« Ja, wie bereits erwähnt werden die Dänen gern als introvertiert beschrieben, genau wie ihre nordischen Brüder und Schwestern.

Da mag schon was dran sein, aber vielleicht ist hier noch etwas anderes im Spiel. Unsere Gespräche unterscheiden sich in manchen Punkten von denen, die in Europa oder den USA geführt werden. Uns bereitet das Schweigen weniger Unbehagen. Wir gehen weniger maschinengewehrartig an Gespräche heran. Bei uns geht es eher ums Abwechseln als um den Schlagabtausch. Eher Schach als *World of Warcraft*. Eher Bowling als Squash. Ich weiß nicht, wie gelungen diese Metaphern sind, hab bitte noch etwas Geduld.

Ich formuliere es mal anders: Wenn die eine Person kurz innehält, heißt das bei uns nicht automatisch, dass die andere Person an der Reihe ist; es heißt einfach, dass die eine Person überlegt, was sie als Nächstes sagt, ihre Gedanken zu dem aktuellen Thema sammelt. Versuchen wir doch mal, den Klang der Stille umzugestalten. Wieso sollte Schweigen unangenehm sein? Was, wenn Schweigen nicht unangenehm, sondern nachdenklich, entlastend, nützlich oder angenehm wäre?

Eine gute Antwort ist besser als eine schnelle Antwort. Eine durchdachte Entgegnung zu etwas, was ich in der Woche zuvor geäußert habe, bedeutet, du hast mir wirklich zugehört. »Ich habe mir Gedanken darüber gemacht, was du neulich über dieses und jenes gesagt hast, und ich könnte mir als Lösung dieses und jenes vorstellen.« Das kann so viel mehr wert sein als eine schnelle Antwort.

Ich persönlich habe festgestellt, dass ich auf Englisch viel langsamer rede als auf Dänisch. Ich brauche den Bruchteil einer Sekunde länger, um die richtigen Worte zu finden, und ich muss mich mehr konzentrieren. Dabei mache ich ein eher finsteres Gesicht, und das kann für einen Glücksforscher durchaus zum Problem werden.

Eine Möglichkeit, sich mit dem Schweigen anzufreunden, sind Tätigkeiten, bei denen das Unterhalten nicht an erster Stelle steht, Kartenspielen, Kochen oder Puzzeln zum Beispiel. Außerdem habe ich festgestellt, dass wir weniger in Panik geraten, sobald es mal still ist, wenn wir gleichzeitig mit den Händen arbeiten.

Die weisesten Worte habe ich meist von Menschen gehört, die gerade etwas in Händen hielten – irgendein Werkzeug, eine Angelrute, einen Billardstock, einen Pinsel, ein Küchenmesser, ein Kartenblatt, einen Tennisschläger oder Puzzlestücke. In einem hyggeligen Zuhause fällt einem etwas in die Hände, was die Tätigkeit ganz leicht und natürlich wirken lässt – dann können die Worte freier hervorsprudeln.

Gemeinsam genutzte Flächen

Früher düsten mein Bruder und ich immer zusammen mit den anderen Kindern auf dem Skateboard um die Wette. Mein Bruder wurde stets Erster, ich Zweiter, und Carsten und Philip, die am Anfang der Straße wohnten, wurden immer Dritter und Vierter. Wir wohnten in einer Sackgasse, deshalb gab es dort nicht viel Verkehr. Und das ist eines der wichtigsten Verkaufsargumente für Häuser an Sackgassen. In Sackgassen fahren weniger Autos, und es wird weniger gerast.

Von Verkaufsargumenten wusste ich damals noch nichts, doch ich kannte sämtliche Nachbarn beim Namen, und den Namen ihrer Hunde kannte ich auch. Es gab einen Boxer, einen Golden Retriever und einen Bobtail. Meine Eltern waren mit der Familie zur Rechten befreundet, den Perch-Møllers, und teilten sich mit ihnen einen Rasenmäher. Ich spielte mit ihrem Hund Sisse und lieh mir Comichefte von ihnen aus – der Goldstandard, wenn du zehn Jahre alt bist.

Um 1960 waren Sackgassen der Inbegriff des amerikanischen Traums, und sie gehören bis heute zum Klischee eines Vorstadtidylls. Denken wir nur an die Wisteria Lane in *Desperate Housewives* – ohne die Morde natürlich. Die Lage an einer Sackgasse treibt heute noch den Preis einer Immobilie in die Höhe. Schätzungen zufolge wird bis zu zwanzig Prozent mehr auf den Tisch gelegt, wenn sich das neue Heim an einem Stichweg befindet.

In den 1930ern hatte die damalige US-amerikanische Federal Housing Authority dieses Faible für Sackgassen übernommen und empfahl und förderte sie; gewöhnliche Straßenraster galten als langweilig und gefährlich. In Großbritannien waren Sackgassen Bestandteil aller sogenannten Gartenstädte wie der 1920 gegründeten Welwyn Garden City. Mehr als ein Jahrhundert lang gehörten Sackgassen zum Standard-Repertoire von Vorstädten, doch inzwischen sind sie in Ungnade gefallen. Ihnen wird unter anderem Folgendes vorgeworfen: Sie zwingen die Leute dazu, öfter ins Auto zu steigen und längere Strecken zurückzulegen; sie zerstückeln die Gemeinden und machen sie fußgängerfeindlich; sie machen dick.

Wahr ist, dass in eher verstreuten Gemeinden (wie etwa den Vorstädten mit Sackgassen) etwa achtzehn Prozent mehr Auto gefahren wird als in dicht besiedelten Gebieten. Wahr ist auch, dass die Bewohner dicht bebauter Städte schlanker sind und ein gesünderes Herz haben als die Bewohner ausgedehnter Vorstädte.

Eine Studie von Norman Garrick und Wesley Marshall, Dozenten für Bauingenieurwesen an der University of Connecticut beziehungsweise der University of Colorado, beschäftigte sich mit den drei grundlegenden Merkmalen von Straßennetzen – Dichte, Vernetzungsgrad, Anordnung – in vierundzwanzig kalifornischen Städten und damit, wie diese sich auf die Gesundheit der Bewohner auswirken. Ergebnis war, dass diejenigen, die in Gegenden mit einem kompakteren Straßennetzwerk leben, weniger stark von Fettleibigkeit, Diabetes, hohem Blutdruck und Herzerkrankungen betroffen sind.

Mindestens ein überzeugendes Argument für Sackgassen gibt es laut dem Soziologen Thomas Hochschild an der Valdosta State University aber: eine bessere Nachbarschaft. Im Rahmen einer Studie besuchte er hundertzehn Haushalte in Connecticut, wovon sich ein Drittel an Durchgangsstraßen befand, ein weiteres Drittel an einer Wendeschleife (wo die Häuser um das ringförmige Ende einer Sackgasse angeordnet sind) und das letzte Drittel in einer Sackgasse. Die Angehörigen dieser Haushalte befragte er im Hinblick auf ihre Beziehung zu den Nachbarn. Gibt es nachbarschaftliche Treffen, und wenn ja, wie oft? Helft ihr euch gegenseitig aus, mit Lebensmitteln oder Ähnlichem? Und so weiter. Insgesamt waren es hundertfünfzig Fragen.

Die Gemeinden hatten alle ein vergleichbares demografisches Profil, und die Ergebnisse wurden um Faktoren wie Einkommen, Anzahl der Kinder, Dauer des Wohnverhältnisses und so weiter bereinigt. Am Ende stellte sich heraus, dass Sackgassen ein gutes nachbarschaftliches Verhältnis zu begünstigen scheinen.

In den Sackgassen hatten sich vierzig Prozent der Anwohner im vergangenen Monat Lebensmittel oder Werkzeug ausgeliehen. (Ja, ich bewerte Freundschaften durchaus danach, wie viel Essen jemand gewillt ist, zu teilen.) Bei den Anwohnern der Durchgangsstraßen waren es nur neunzehn Prozent.

Um die dreißig Prozent der Sackgassen-Bewohner stimmten der Aussage »Die Freundschaften und Beziehungen mit meinen Nachbarn liegen mir am Herzen« voll und ganz zu. Von den Durchgangsstraßen-Bewohnern taten das nur fünf Prozent.

Wenn wir den Fokus auf die Haushalte an der Wendeschleife legen, stimmten sechsundzwanzig Prozent der Aussage »Zwischen mir und meinen direkten Nachbarn besteht eine tiefe Freundschaft« voll und ganz zu. Das war in keinem einzigen Haushalt an den Durchgangsstraßen der Fall.

Der vielleicht vielsagendste Beweis dafür, dass in den Sackgassen ein deutlich engeres soziales Gefüge existiert, ist jedoch folgender: Während Hochschilds Untersuchungen der hundertzehn Haushalte in Connecticut rief jemand bei der Polizei an und sagte: »Da macht sich ein fremder Mann Notizen zu unseren Häusern.« Dieser Jemand wohnte an einer Sackgasse.

Ich plädiere nicht dafür, dass wir haufenweise Sackgassen bauen. Ich plädiere dafür, dass wir solche Orte der Gemeinschaft im Blick haben, wenn wir mehr Verbundenheit in Wohngebieten kreieren möchten.

2020 veröffentlichte die dänische Stiftung Realdania die Studie »Danes in the Built Environment«, die unter anderem untersucht hat, wie stark die Nachbarn miteinander interagieren und welchen Anteil die Gestaltung ihres Wohnumfelds daran hat. Während Hochschild die Bewohner von hundertzehn Vorstadthäusern befragte, wurde im Rahmen der Realdania-Studie mit über zweitausenddreihundert Dänen, die in Wohnungen lebten, gesprochen.

Ergebnis war, dass die Wahrscheinlichkeit eines gemeinschaftlichen Essens mit den Nachbarn doppelt so hoch ist, wenn es einen schönen gemeinsamen Außenbereich gibt. Und dieses Gemeinschaftsgefühl hört nicht beim Essen auf. Auch die Wahrscheinlichkeit, dass diese Leute sich gegenseitig bei Projekten behilflich sind, ein Auge auf die Wohnungen der jeweils anderen haben, damit niemand dort einbricht, Dinge verleihen, auf die Haustiere aufpassen, sich Werkzeug borgen, ist weit höher. Also alles das, was das Leben einfacher und hyggeliger macht und eine gute Nachbarschaft ausmacht, kommt häufiger vor. Das vielleicht wichtigste Ergebnis aber war, dass diejenigen mit einem guten nachbarschaftlichen Verhältnis auch eine höhere Lebensqualität hatten.

AUSWIRKUNGEN EINES GEMEINSAMEN AUSSENBEREICHS AUF DAS NACHBARSCHAFT-LICHE VERHÄLTNIS

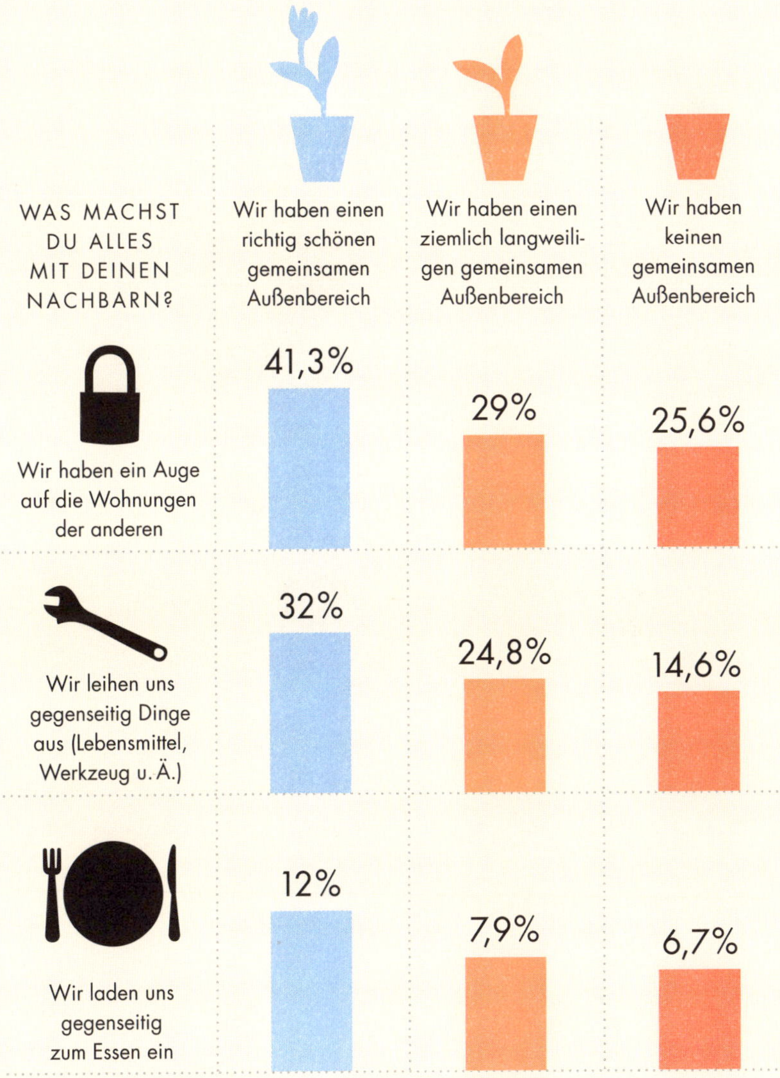

SO ZIEHT DAS GLÜCK BEI DIR EIN –

Sorg für eine gute Nachbarschaft, egal, wo du wohnst

Musst du für dein persönliches Glück also in eine Sackgasse umziehen? Nein. Wichtig ist nur, dass du dir darüber im Klaren bist, wie dich das Leben an einer Sackgasse, an einer Durchgangsstraße oder in einem Mehrfamilienhaus mit Gemeinschaftsräumen beeinflusst. Von dem Gefühl, einer Gemeinschaft anzugehören, und von einem guten nachbarschaftlichen Verhältnis können wir alle profitieren.

Wenn das Wohnen an einer Sackgasse dazu führt, dass du dich weniger zu Fuß bewegst, gewöhne dir zum Beispiel einen Abendspaziergang an. Oder biete jemandem aus der Nachbarschaft an, einmal die Woche mit seinem Hund Gassi zu gehen. Ihr habt ja wahrscheinlich ein ganz gutes Verhältnis. Falls du an einer Durchgangsstraße wohnst, mache dir Gedanken darüber, wie du mit deinen fünf Lieblingsnachbarn ein engeres Verhältnis aufbauen kannst. Könntet ihr euch bei einem gemeinsamen Projekt zusammentun? Oder euch einen Rasenmäher teilen? Wenn du in einer Wohnung lebst und eine Party schmeißt, entschuldige dich bei deinen Nachbarn im Voraus für den Lärm und lade sie gleich mit dazu ein, wenn es nicht völlig unangebracht ist – so könnt ihr euch alle gemeinsam amüsieren. Falls du gar keine direkten Nachbarn hast, bist du ein Glückspilz! Es ist trotzdem immer gut, wenn jemand in deiner Abwesenheit auf dein Haus aufpasst, also lade mal einen der weiter weg lebenden Nachbarn ein, dann hast du vielleicht innerhalb kürzester Zeit eine neue Freundin oder einen neuen Freund.

In einem hyggeligen Zuhause ist es niemals einsam, und dazu können gute nachbarschaftliche Bande beitragen. Außerdem schenken sie dir ein Zugehörigkeitsgefühl und bieten mehr Sicherheit.

Jenseits der eigenen vier Wände: Können Architektur und Design die Integration fördern?

Emil steckt den Schlüssel in das Wohnungstürschloss seines neuen Apartments und strahlt. »Es ist so toll, in einem ganz neuen Gebäude wohnen zu dürfen«, sagt er, während er sich umblickt. Das Apartment misst dreiunddreißig Quadratmeter, und er teilt es sich mit einem Mitbewohner. Jeder hat sein eigenes Zimmer, aber Bad und Wohnküche nutzen sie gemeinsam.

Das Apartment ist ein Schnäppchen und liegt mit 350 Euro im Monat fast 250 Euro unter dem Mietspiegel. Die Mieten sind in den letzten Jahren derart gestiegen, dass diejenigen mit geringem Einkommen – wie Studierende, Senioren und Flüchtlinge – zunehmend aus Kopenhagen verdrängt werden. Emil freut sich also sehr darauf, in Frederiksberg, einer kleinen Kommune ganz in der Nähe des Zentrums, leben zu können, wo es sehr grün und nobel ist, wo es einen großen Park und Alleen, Cafés und feine Läden an jeder Ecke gibt.

Emils neues Zuhause befindet sich in einem Wohnprojekt namens Venligbolig Plus (Freundliches Wohnen Plus), das aus dem Wunsch geboren wurde, Flüchtlinge am dänischen Alltag teilnehmen zu lassen. Vierzig dänische Studierende werden dort zusammen mit jungen Flüchtlingen aus Ländern wie Syrien und Eritrea einziehen und ihnen bei praktischen und kulturellen Themen zur Seite stehen. Mit dieser Lebensgemeinschaft sollen Integration und Freundschaften gefördert werden, sollen sich die Studierenden gegenseitig bereichern.

Der Wohnblock besteht aus siebenunddreißig Wohnungen sowie einer gemeinschaftlich genutzten Waschküche und Dachterrasse. Die anderen gemeinschaftlich genutzten Räumlichkeiten, wie etwa die Treppenhäuser, sind so groß konzipiert worden, dass die Bewohner dort zusammenkommen, sich hinsetzen und mit den anderen Kaffee trinken und plauschen können.

Die dänischen Studierenden verpflichten sich dazu, für einen der Flüchtlinge Freund und Mentor zu sein. Emil hat seine beiden Nachbarn, denen er zur Seite stehen soll, schon kennengelernt. »Sie scheinen supernett zu sein, und ich hoffe, wir werden gute Freunde«, sagt er. »Ich kann ihnen bei Jobbewerbungen helfen oder einfach mit ihnen reden. Mit dänischen Freunden lernt man die Sprache am besten. Deshalb ist dieses Projekt genial.«

Zwar gibt es diese Art von Projekt nicht in jeder Stadt und Gemeinde, aber es veranschaulicht wunderbar, wie die soziale Interaktion im Nahbereich unser Glücksgefühl positiv beeinflussen kann. Klar ist: Die Unterstützung durch das soziale Umfeld ist für unser Wohlbefinden essenziell. Umgekehrt gilt das interessanterweise genauso: Studien zufolge sind ehrenamtlich tätige Menschen generell zufriedener, erfahren mehr Sinnhaftigkeit im Leben und haben stabilere Beziehungen. Ein hyggeliges Zuhause ist keine Insel, sondern Teil einer Gemeinschaft, und es bietet anderen Menschen Schutz und Geborgenheit.

CHECKLISTE FÜR EINE ARCHITEKTUR DES GLÜCKS

- ❑ Überlege dir, wie du das Zubereiten der Mahlzeiten an den Esstisch verlagern kannst, damit du dort länger zusammen mit deinen Freunden und der Familie verweilst.
- ❑ Wende das Prinzip des leeren Stuhls an, damit sich keiner ausgeschlossen fühlt.
- ❑ Lass dir (mithilfe von Kartenspielen) Fragen einfallen, die zu guten Gesprächen anregen.
- ❑ Sorge für ein engeres Verhältnis zu deinen Nachbarn.

KAPITEL

6

WORK HYGGE, PLAY HYGGE

Nicht alle Jobs eignen sich fürs Homeoffice. Wenn ich da an mich denke: Ich war schon als Gärtner und als Reinigungskraft in einem Supermarkt tätig, habe Weihnachtsbäume verkauft und Eintrittskarten an der Kinokasse, ich habe in einem botanischen Garten gearbeitet und nachts in einer Bäckerei (wo ich mich um dänisches Süßgebäck gekümmert habe, damit es auch schön ins Klischee passt). Keinen dieser Jobs hätte ich von zu Hause aus machen können.

Im Jahr 2020 haben sich nämlich zwei Dinge rasend schnell verbreitet, und zwar überall auf der Welt: Covid-19 und das Homeoffice. Tätigkeiten, bei denen ein Arbeiten von zu Hause aus früher unmöglich erschien, wurden in kürzester Zeit ins Internet verlagert.

Das Schöne daran war, dass Millionen Menschen die Vorteile dieser Arbeitsweise zu nutzen begannen. Morgendliches Yoga und Spaziergänge in der Mittagspause haben das Pendeln zur Arbeit abgelöst. Und Studien zufolge hat die Produktivität darunter nicht gelitten.

Den Unternehmen dieser Welt sind diese Vorteile nicht entgangen. Einige gehen sogar so weit, das Ende des klassischen geregelten Bürojobs vorherzusagen. So gab das Management von Facebook bekannt, dass die Hälfte seiner Jobs innerhalb der nächsten zehn Jahre im Homeoffice erledigt werden können, während Twitter verkündet hat, seine Belegschaft überall auf der Welt auch weiterhin von zu Hause aus arbeiten zu lassen. Die global tätige Anwaltskanzlei Slater and Gordon hat ihre Londoner Büros aufgegeben, und andere Unternehmen machen sich Gedanken, wie sie die von ihnen gekauften oder angemieteten Räumlichkeiten wegrationalisieren, indem sie ihrer Belegschaft flexibles Arbeiten auf Distanz ermöglichen.

Die Ortsgebundenheit ist ins Wanken geraten, nicht nur für die Unternehmen, sondern auch für die Angestellten. Dank Homeoffice ist es inzwischen denkbar, außerhalb der Großstadt zu leben. Warum nicht aufs Land ziehen, wo die Immobilienpreise so viel niedriger sind? Oder wie wäre es mit Lissabon? Soll wunderschön sein zu dieser Jahreszeit.

Der Nachteil dieser Entwicklung ist, dass die Grenzen zwischen Arbeit und Privatleben zunehmend verwischen. Einige Studien legen nahe, dass viele sich nicht trauen, sich krankschreiben zu lassen, wenn sie von zu Hause aus arbeiten, oder dass sie das Gefühl haben, mehr leisten und Überstunden machen zu müssen, um die mangelnde Sichtbarkeit zu kompensieren. Nötigt uns der Nachmittagsspaziergang eine Nachtschicht ab, damit unsere Kollegen und Vorgesetzten wissen, dass wir uns keinen faulen Lenz machen? Bedeutet die Arbeit auf Distanz, dass auch das Glück auf Distanz geht?

Des Weiteren werden wir uns überlegen müssen, wie wir den Transfer von Wissen an die neuen Gegebenheiten anpassen. Wir lernen, indem wir zuhören, wie die Kollegen miteinander reden; besonders die jüngeren Mitarbeitenden berichten, dass ihnen sowohl offizielles als auch inoffizielles beiläufiges Lernen entgeht. Eine noch größere Herausforderung stellt die Einarbeitung und das damit einhergehende Kontakteknüpfen dar. Wie ersetzen wir die Kaffeeküche? Wie schaffen wir Teamgeist und geben Wissen spielerisch weiter, wenn wir von zu Hause arbeiten? Und müssen wir alle in eine größere Wohnung ziehen, damit uns die Videokonferenzen unserer Mitbewohner nicht stören?

2021 veröffentlichte die Unternehmensberatung McKinsey die Ergebnisse ihrer Forschungen zur Zukunft der Arbeit in einer postpandemischen Welt. Bei der Befragung von fünftausend Angestellten in Europa, Asien, Australien sowie Nord- und Südamerika gaben um die dreißig Prozent der Teilnehmenden an, dass sie wahrscheinlich den Job wechseln würden, wenn sie wieder komplett im Büro arbeiten müssten. Die Mehrheit der Befragten (dreiundfünfzig Prozent) möchte gerne mindestens drei Tage die Woche von zu Hause aus arbeiten. Ich persönlich bin ebenfalls Fan des hybriden Arbeitsmodells, bin also am liebsten ein paar Tage im Büro und ein paar Tage im Homeoffice tätig. Im Büro kann ich schnell mit meinen Kollegen in Kontakt treten und sofort mit ihnen Lösungen erarbeiten, zu Hause kann ich mich besser auf komplexe Aufgaben konzentrieren – und zwischendurch die Wäsche aufhängen, wenn ich eine kurze Pause brauche.

WIE OFT MÖCHTEN ANGESTELLTE VON ZU HAUSE ARBEITEN?

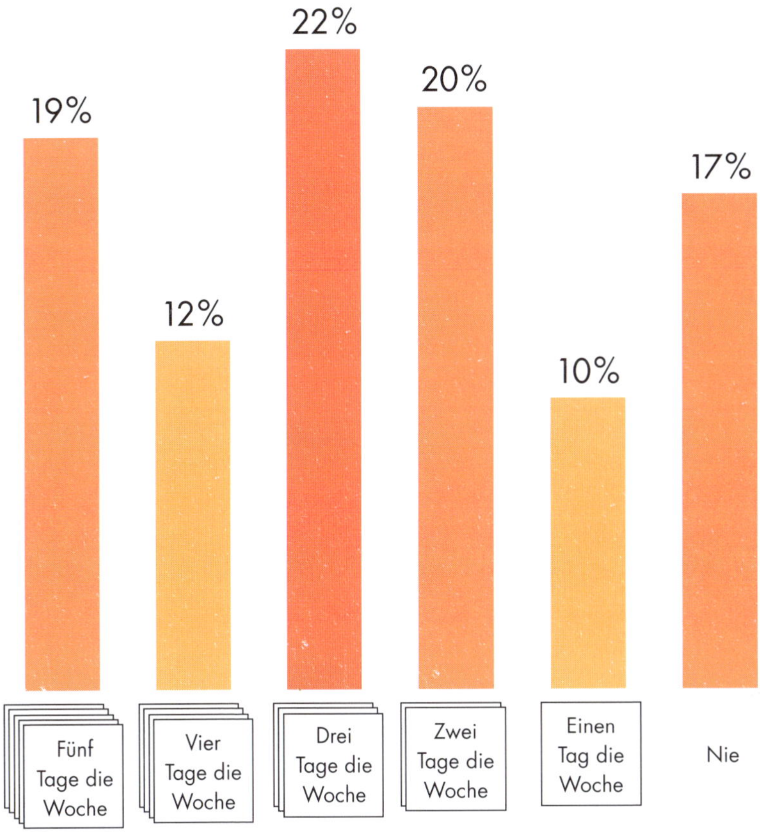

Was unser Wohlbefinden angeht, ist das Homeoffice Gefahr und Chance zugleich. Nie zuvor haben wir an einem so kritischen Wendepunkt gestanden. Wenn wir es falsch anstellen, könnte uns eine Epidemie des Burn-outs bevorstehen. Doch wenn wir es klug anstellen, winkt uns ein großer Zugewinn an Glück. Wie stellen wir es also klug an? Wie schaffen wir beim Thema Homeoffice die richtigen Gegebenheiten?

Sechs Dinge, die du beim Gestalten deines Arbeitsplatzes beherzigen solltest

TRENNE BERUF UND FREIZEIT VONEINANDER

Als das Institut für Glücksforschung untersuchte, wieso manche zufriedener mit ihrem Zuhause sind als andere, gab ein Mann Folgendes an: Er fände es sehr wohltuend, dass er an seinem häuslichen Arbeitsplatz einen Vorhang habe. Den könne er nach getaner Arbeit zuziehen und dadurch mental ganz einfach abschalten. Eine Frau, mit der wir sprachen, hatte ihren Schreibtisch hingegen ständig im Blick, wenn sie im Wohnzimmer war, weshalb sie sich durchgehend im Arbeitsmodus befand.

Unser Gehirn wird durch manche Gegenstände zum Denken animiert. Können wir beispielsweise unseren Schreibtisch sehen, werden wir von ihm ständig an die Arbeit erinnert. Das Homeoffice sollte sich also idealerweise in einem separaten Bereich befinden, hinter dem du entweder die Tür zumachen oder den Vorhang zuziehen kannst. Die meisten Leute haben kein Extrazimmer oder Arbeitszimmer, aber vielleicht kannst du dir einen Multifunktionsraum einrichten. Ich selbst habe auch kein Gästezimmer oder Ähnliches, also bringe ich einfach meinen Laptop außer Sichtweite, wenn ich mit der Arbeit fertig bin. Ein Klapptisch ist ein weiterer genialer Kniff. Ihn kannst du am Ende des Arbeitstages einfach wegklappen, schon hast du deinen Privatbereich wieder und wirst nicht ständig an die Arbeit erinnert.

NUTZE DIE VIDEOKONFERENZEN, UM DEINE ARBEITSTRUPPE NÄHER KENNENZULERNEN

Bei einem Videochat erhascht man doch meistens einen Blick auf irgendwelche Gegenstände hinter den Kollegen, oder? Dahinter verbergen sich oft tolle Geschichten und spannende Erkenntnisse, Dinge, die du beim bloßen Kontakt im Büro vielleicht nie erfahren hättest. So hat sich herausgestellt, dass Inas Lieblingsdino der Ankylosaurus ist. Dass Alejandro irre gut Eisskulpturen formen kann. Und dass Mica die Pflanze hinter sich vier Monate lang gegossen hat, bis er merkte, dass sie gar nicht echt ist. Onors Urkunde an der Wand wiederum entlockte mir das Geständnis, dass meine einzige sportliche Auszeichnung nach Jahren die »Auszeichnung als besonders guter Freund« war, auch bekannt als »Urkunde für richtig miese Sportler«.

PLANE FESTE PAUSEN EIN

Hygge heißt, gut für sich zu sorgen, also gönn dir im Homeoffice zwischendurch mal eine Pause. Bei mir um die Ecke gibt es zum Glück eine Bäckerei, die ungelogen die besten Zimtschnecken in ganz Kopenhagen anfertigt, also braucht es nicht viel, um mich von einem kleinen Besuch zu überzeugen. Falls es dir schwerer fällt, an Pausen zu denken, verabrede dich doch mit einer Freundin zum Telefonieren und richte dir eine Erinnerung ein. Dann hast du etwas, worauf du dich freuen kannst, und musst zwangsweise deinen Schreibtisch verlassen.

MACH ES DIR ZWISCHENDURCH GEMÜTLICH

Am Institut für Glücksforschung haben wir nicht nur Schreibtische, sondern auch Sofas. Wenn wir uns mit den neuesten Gutachten zum Thema Wohlbefinden vertraut machen müssen, ist es schön, zu einem bequemeren Sitzplatz wechseln zu können. Das gilt auch für zu Hause – größerer Lesestoff lässt sich viel hyggeliger auf einem gemütlichen Möbelstück bewältigen.

WENDE DIE HYGGE-REGELN AUF DEINEN ARBEITSPLATZ AN …

Beim Herumfläzen im Bett wirst du den Gipfel deiner Produktivität vermutlich nicht erreichen, aber völlig steril muss deine Arbeitsumgebung auch nicht sein. Stelle ein paar Pflanzen auf, hole das Maximum an Tageslicht heraus, und sorge für warme, weiche Texturen. Bei mir zu Hause liegt ein flauschiger Teppich unter dem Schreibtisch, der Ruhe ausstrahlt, wenn ich mit einer Lawine von E-Mails konfrontiert bin.

… BIS AUF DIE BELEUCHTUNG

Warmes, gemütliches Licht ist leider nicht förderlich für Aufmerksamkeit und Konzentration, deshalb erteilt dir die Hygge-Polizei ausnahmsweise einen Freibrief: Hier darf das Licht gerne weißer und heller sein.

Bei der Gestaltung eines Raums gibt es kein Richtig oder Falsch. Am besten probierst du einfach so lange herum, bis es passt. Manche Ideen mögen der eigenen Intuition total widersprechen, aber wenn du sie nicht ausprobierst, kannst du dir nicht sicher sein. Diesem Trial-and-Error-Prinzip ist es sogar zu verdanken, dass zwei der großartigsten Städte der Welt so aussehen, wie sie es heute tun.

Nehmen wir den Strøget im Zentrum von Kopenhagen, der heute mit einem Kilometer Länge nicht nur eine der längsten, sondern auch eine der beliebtesten Fußgängerzonen und Shoppingmeilen der Welt ist. Anfang der 1960er fuhren dort noch Autos, und es gab sogar Überlegungen, den Fahrradverkehr zu verbieten, damit sie mehr Platz haben! Der Vorschlag einer verkehrsberuhigten Zone wurde kontrovers diskutiert. Unter anderem befürchteten die Ladenbesitzer, es würde sie in den Ruin treiben. Der Bürgermeister von Kopenhagen erhielt deswegen sogar Morddrohungen! 1962 wurde dann ein sechsmonatiger Probelauf vereinbart. Er war ein riesiger Erfolg, und so wurde die Fußgängerzone nicht nur dauerhaft eingerichtet, sondern auch noch vergrößert. Inzwischen verzeichnet der Strøget mit die höchsten Immobilienpreise des Landes. Das damalige Experiment leitete einen tiefgreifenden Sinneswandel bei den Stadtplanungen für Kopenhagen ein. Fußgänger und Radfahrer sollten von nun an viel besseren Zugang zur Stadt haben, der Autoverkehr reduziert werden.

Etwa fünfzig Jahre später wurden in New York einige Bereiche probeweise zu Fußgängerzonen umgestaltet. Auf dem Broadway, dem Times Square und dem Herald Square wurden 2009 in bestimmten Teilabschnitten sämtliche Autos verbannt und stattdessen Stühle aufgestellt. Das Experiment erfreute sich so großer Beliebtheit, dass es dabei blieb.

SO ZIEHT DAS GLÜCK BEI DIR EIN –

Probiere ein bisschen herum

Ändere einfach mal probeweise die Gestaltung deiner Räume, spiele ein bisschen herum, teste etwas aus. Besonders, wenn du mit Leuten zusammenwohnst, die Veränderungen eher skeptisch gegenüberstehen. Rücke zum Beispiel das Bett an eine andere Stelle, streiche eine Wand in einer neuen Farbe, stelle den Tisch, an dem die Kinder ihre Hausaufgaben machen, näher an die Küche, damit du dich mit ihnen beim Kochen unterhalten kannst – erst mal nur als vierwöchiges Experiment. Wer weiß, vielleicht bemerkst du ja positive Veränderungen bei deinem Verhalten und letzten Endes auch bei deinem Wohlbefinden.

Schaffe Platz fürs Spielen

Mit sechzehn wohnte ich als Austauschschüler in der Bradley Street Nummer 136 in Goulburn, einer kleinen Gemeinde im australischen New South Wales. Ich lebte zusammen mit einigen anderen bei Steve und Catherine, einem wunderbaren Pärchen, mit dem ich heute noch in Kontakt bin. Letzte Woche erst tranken wir über Skype zusammen Kaffee. Einer der vielen Pluspunkte bei Steve und Cath war ihr Hund Max. Jeden Tag, wenn ich von der Schule heimkam, legte ich »Great Balls of Fire« auf und jagte mit Max durchs Haus. Das war unser Nachmittagsritual und ein Highlight des Tages für mich. Noch heute würde ich am liebsten durch die Wohnung toben, wenn ich das Lied höre.

In unserer arbeitsbesessenen Gesellschaft wird das Spielen ignoriert und unterschätzt, ja sogar lächerlich gemacht, es sei denn, es handelt sich um ein »kreatives« Hobby. Malen oder Schreiben sind als Freizeitbeschäftigung okay, aber Herumtoben und »Great Balls of Fire« singen? Das ist doch völlig sinnlos. Dabei ist genau das der Punkt.

Spielen nur um des Spielens willen ist für unser Lebensglück von essenzieller Bedeutung. Zu lachen, zu spielen und sich zu freuen gehört für mich zu einem erfüllten, guten Leben dazu. Und damit bin ich nicht allein. In einer Studie der LEGO-Gruppe aus dem Jahr 2020 sagten achtundneunzig Prozent der Kinder, das gemeinsame Spielen mit der Familie mache sie sehr glücklich, und achtundachtzig Prozent waren der Meinung, es helfe ihren Eltern dabei, sie besser kennenzulernen.

Die Eltern scheinen ihren Kindern bei dem positiven Nutzen des Spielens zuzustimmen. Eine deutliche Mehrheit – mehr als neun von zehn – gab an, Spielen erleichtere die Kommunikation mit ihren Kindern und stärke den Familienzusammenhalt.

Ich bin froh, dass fünfundneunzig Prozent der Eltern weltweit Spielen für das Glück ihrer Kinder für unabdingbar hielten – und in Bezug auf Erfolg und Wohlergehen in der Zukunft für genauso wichtig wie Hausaufgaben. Des Weiteren waren fünfundneunzig Prozent der Eltern der Meinung, Spielen sorge für ein schöneres Familienleben. Interessanterweise gaben einundneunzig Prozent der Kinder an, Spielen mache ihre Eltern sehr glücklich.

LEGO kennst du wahrscheinlich – einer der größten Dienste, den Dänemark der Menschheit erwiesen hat, zusammen mit Hygge und Hans Christian Andersen –, aber wusstest du, dass der Name LEGO eine Abkürzung für das Dänische LEG GODT ist, was so viel heißt wie »spiel gut«? Zu den Beschäftigungen, die mich während der Pandemie vom Durchdrehen abhielten, gehörten LEGO und Puzzles. Und das ging nicht nur mir so. Einer Untersuchung des Marktforschungsunternehmens NPD zufolge stiegen die Konsumentenausgaben für Brett- und Kartenspiele sowie Puzzles während dieser Zeit um fast zweihundertdreißig Prozent.

Bei einem Großteil dieser Spiele sitzen wir uns gegenüber und können uns in die Augen schauen. Beim Fernsehglotzen ist das nicht der Fall. Dabei brauchen wir dieses Set-up, um wirklich miteinander in Verbindung zu treten. Achte also darauf, dass sich in deiner Familie oft genug im Gegenübersitzen miteinander beschäftigt wird. Besonders bei Teenagern kann das enorm hilfreich sein. Den Eltern fällt es nämlich oft schwer, mit ihren Kindern ins Gespräch zu kommen und sie dazu zu bewegen, sich zu öffnen. Beim analogen Spielen kommt ihr automatisch in Kontakt, und das Reden hat eine andere Qualität. Es besteht kein Druck, sich in die Augen zu schauen, es gibt keinen Redezwang und kein unangenehmes Schweigen. Du musst nicht mit mir reden, ganz egal, wir können auch einfach nur hier sitzen und gemeinsam an diesem tollen Puzzle werkeln. Ich bin für dich da.

In einem hyggeligen Zuhause weiß man um den Wert des Spielens. Im Spiel können wir uns miteinander verbinden, können uns neue Skills zur Selbstverwirklichung aneignen, unser Selbstbewusstsein steigern und Erfolgserlebnisse einfahren. All das steht in der Maslow'schen Bedürfnispyramide ganz oben und schenkt uns Erfüllung. Ich wünschte, es würde mir im nächsten Laborversuch des Instituts für Glücksforschung gelingen, das Gefühl einzufangen, das sich in einem breitmacht, wenn man das letzte Stück eines Tausend-Teile-Puzzles einfügt. Das ist unvergleichlich. Wenn du dir ein hyggeliges Zuhause wünschst, sorge also für ausreichend Spiel-Zeit. Nur weil du älter geworden bist, heißt das noch lange nicht, dass du aufhören sollst zu spielen. Das Gegenteil ist der Fall: Wenn du aufhörst zu spielen, wirst du alt.

Bei mir im Kindergarten galt damals übrigens die Regel: Wer sich danebenbenimmt, muss sich hinsetzen und puzzeln. Das hatte zweierlei zur Folge: Wir Kinder kamen besser zur Ruhe, und ich glaube bis heute, dass das Puzzeln mein Bad-Boy-Image aufrechterhält. Puzzeln kommt direkt nach der Lederjacke und der Harley.

SO ZIEHT DAS GLÜCK BEI DIR EIN –

Analoge Spiele schaffen ein hyggeliges Beisammensein

Für mich ist das analoge Spielen zentraler Bestandteil eines hyggeligen Heims. Und ich habe einen kostengünstigen Spiel-Tipp für dich: Sild i Tønden heißt es, was ziemlich genau dem deutschen »Wie die Sardinen in der Büchse« entspricht. Das Spiel geht so ähnlich wie Verstecken, wurde aber noch erweitert, um den Hygge-Faktor zu steigern.

Alle bis auf einen oder eine halten sich die Augen zu und zählen bis zwanzig oder fünfzig, je nach Größe des Geländes. Die Person, deren Augen geöffnet sind, versteckt sich, und wenn zu Ende gezählt wurde, geht die Suche nach ihr los. Wer sie entdeckt hat, schreit jedoch nicht »Hab dich!«, sondern kuschelt sich zu ihr ins Versteck – was die Sache natürlich viel hyggeliger macht.

Wer als Nächstes das Versteck entdeckt, kuschelt sich ebenfalls dazu, und so weiter. Am Ende stecken alle dort zusammen »wie die Sardinen in der Büchse«. Wer die anderen als Letztes erspäht hat, versteckt sich in der nächsten Runde als Erstes. Wenn du Kinder hast, werden sie dieses Spiel lieben.

Dieses Spiel funktioniert umso besser, je mehr mitspielen. Aber es gibt zum Glück genügend andere analoge Spielmöglichkeiten für kleinere Gruppen. Sorge dafür, dass ihr Brettspiele, Karten, Puzzles und so weiter in Sichtweite habt. Das gibt deinem Geist einen Stupser, wenn du Gefahr läufst, wieder einfach nur Netflix anzuschalten.

Spielen bringt die Menschen zusammen

Vor einigen Jahren nahm ich an einem Workshop in Paris teil, bei dem wir zuallererst eine kleine Aufgabe lösen mussten, um uns gegenseitig kennenzulernen. Wir bildeten Teams und bekamen jeweils eine Mandarine, fünfzig Strohhalme und eine Rolle Klebeband. Aus den Materialien sollten wir eine Stütze für die Mandarine bauen, und das Team mit der höchsten Stütze gewann. Innerhalb kürzester Zeit füllte sich der Raum mit Energie, die Ideen sprangen hin und her, und all die erwachsenen Männer und Frauen lachten und spielten.

Ich weiß nicht mehr, wer den Wettstreit gewann – mein Team jedenfalls nicht –, aber an die positive Energie und das breite Grinsen in den Gesichtern kann ich mich noch gut erinnern. Und daran, wie die Menschen, die sich fünfzehn Minuten vorher noch völlig fremd gewesen waren, nun eng beieinander standen und sich begeistert über die Aufgabe unterhielten.

Spielen macht die Leute locker und bringt sie zusammen – ein super Trick, wenn du möchtest, dass sich unterschiedliche Gruppen näherkommen. Als ich zum Beispiel vor ein paar Jahren meinen Geburtstag mit einem Grillfest feierte, organisierte ich vorher ein kleines Tennisturnier, bei dem sich die geübten Spieler mit den weniger erfahrenen zusammentaten. Gewonnen haben Xavier und Kara, ein französisch-australisches Duo, und alle Teilnehmenden konnten mit neuen Kontakten auf die Party gehen.

Spielen und Lachen sind wunderbare soziale Instrumente. Robert Provine war Professor an der University of Maryland und untersuchte dort die Grundlagen von Lachen, Schluckauf, Gähnen und anderem Sozialverhalten. Dabei fand er heraus, dass Menschen dreißigmal öfter lachen, wenn sie sich in Gruppen zusammentun.

Lachen steckt nämlich an, und Witze finden wir viel eher lustig, wenn auch andere darüber lachen. Deshalb wird bei Sitcoms häufig vorher aufgenommenes Lachen abgespielt. Und deshalb lachen wir über einen lustigen Film im Kino mehr, als wenn wir ihn uns allein anschauen würden.

Einige Forscher gehen davon aus, dass Lachen älter als die menschliche Sprache ist und damit ursprünglich Freundlichkeit signalisiert wurde. Es sollte zeigen, dass man keine bösen Absichten hegte, sondern dazugehören wollte. Bis heute kann Lachen als wichtiges Instrument fungieren, wenn es darum geht, neue Bande zu knüpfen. Vielleicht klingt das Lachen deshalb weniger nach Sprache als mehr nach dem Ruf eines Tieres, das seine friedliche Gesinnung kundtun möchte.

Lachen ist eher ansteckend, wenn wir die lachende Person kennen. Aber googele mal »Laughter Chain«, und versuche, ein ganzes Video durchzuhalten, ohne dabei nicht wenigstens zu lächeln.

Wenn du mehr darüber erfahren möchtest, wie sich die Menschen zum Lachen bringen lassen, empfehle ich dir die Arbeiten des Humorforschers Richard Wiseman. 2001 tat er sich mit der British Science Association zusammen, um herauszufinden, welche Art von Witz die Menschen zum Lachen bringt. Er rief die Website »Laugh Lab« ins Leben und bat um die Einreichung von Witzen und deren Bewertung. Am Ende waren es 35.000 Menschen aus siebzig Ländern, die insgesamt 40.000 Witze eingereicht und bewertet hatten. Ergebnis war, dass die besten Witze eher kurz und knapp sind, wie zum Beispiel der hier: »Zwei Kühe stehen auf einer Wiese. Die eine sagt ›Muh‹. Die andere entgegnet: ›Das wollte ich doch gerade sagen!‹«

Herausgestellt hat sich außerdem, dass es bei dem, was wir lustig finden, kulturelle Unterschiede gibt. In den USA scheinen Witze mit Beleidigungen am besten anzukommen, in Europa eher surreale Witze wie der hier: »Ein Schäferhund geht ins Telegrafenamt, nimmt sich eins der Formulare und schreibt darauf: ›Wuff. Wuff. Wuff. Wuff. Wuff. Wuff. Wuff. Wuff. Wuff.‹ Der Mann am Schalter schaut sich das Formular an und erklärt dem Hund höflich: ›Hier stehen lediglich neun Wörter. Sie dürften ein weiteres Wuff zum selben Preis senden.‹ ›Aber‹, antwortet der Hund, ›das ergäbe doch gar keinen Sinn.‹«

Was ich mit alldem sagen möchte: Bei der Gestaltung unseres Arbeitslebens sollten wir einige spielerische Elemente integrieren – im Kontakt mit unseren Kollegen, beim Einrichten unseres Arbeitsplatzes, an dem wir schließlich eine Menge Lebenszeit verbringen, und indem wir uns selbst weniger ernst nehmen. Hygge ist eine Frage der Atmosphäre, die du mit den Menschen in deinem Umfeld kreierst, und die kann überall und jederzeit schön sein. Mach es dir also nicht nur zu Hause hyggelig.

Zu guter Letzt möchte ich darauf hinweisen, dass auch die Arbeit eine Quelle des Glücks sein kann und sogar sein sollte. Wir alle wollen in unserem Leben Sinnhaftigkeit und Bedeutung erfahren, brauchen eine feste Struktur und das Gefühl, etwas vollbracht zu haben. Gleichzeitig muss es auch ein Leben jenseits der Arbeit geben. Diese Work-Life-Balance zu finden und zu halten ist schwierig und verlangt nach ständiger Aufmerksamkeit, Abwägung und Anpassung. Für sehr hilfreich halte ich es dabei, wenn wir unser Arbeitsleben so hyggelig und angenehm wie möglich gestalten, indem wir ein gutes Verhältnis zu den Kollegen pflegen, indem wir uns eine schöne Arbeitsumgebung schaffen und indem wir die Freude am Spielen nicht nur in der Freizeit, sondern auch bei der Arbeit kultivieren. Hyggelige Arbeit, hyggelige Freizeit.

CHECKLISTE FÜR EINE ARCHITEKTUR DES GLÜCKS

- ❑ Wenn du von zu Hause aus arbeitest, sorge für die größtmögliche visuelle Trennung von Arbeit und Freizeit. Probiere immer mal wieder etwas Neues aus, bis du die beste Lösung für dich gefunden hast.

- ❑ Spiele um des Spielens willen. Wann hast du dir das letzte Mal Zeit fürs Spielen genommen? An Arbeitszeitpläne und Trainingsrituale sind wir total gewöhnt, doch auch fürs Spielen und Spaßhaben sollten wir uns Zeit nehmen.

- ❑ Platziere deine analogen Spiele so, dass du sie im Blick hast und von ihnen ermuntert wirst, dich vom Bildschirm wegzubewegen und von Angesicht zu Angesicht mit deinen Lieben zu interagieren.

KAPITEL

7

DER CÉZANNE-EFFEKT

Während des Zweiten Weltkriegs ist die britische House of Commons Chamber, der Saal des Unterhauses, von Brandbomben zerstört worden. 1943 beriet man sich deshalb, wie der Wiederaufbau aussehen könnte. Sollte der Saal nach dem Modell des Kongresses der Vereinigten Staaten, also halbkreisförmig, gestaltet werden? Oder so, wie es gewesen war, also rechteckig? Dadurch säßen sich die Parlamentsmitglieder weiterhin frontal gegenüber und könnten wortwörtlich und für alle sichtbar von Regierungspartei zu Oppositionspartei überwandern, indem sie sich auf die gegenüberliegende Seite setzten? Winston Churchill bestand darauf, alles beim Alten zu lassen.

»Für den Einzelnen ist es leicht, sich auf den gleichgültigen Stufen von links nach rechts zu bewegen, doch der Akt, hinüberzuwandern und sich damit gegen die eigene Partei zu stellen, erfordert gründliche Überlegungen. In dieser Angelegenheit kenne ich mich sehr gut aus, habe ich diesen schwierigen Vorgang doch nicht nur ein-, sondern sogar zweimal bewerkstelligt«, betonte er. Genau diese räumliche Anordnung sei, so Churchill, nämlich für die Entstehung des Zweiparteiensystems verantwortlich, dieses Kernstücks der britischen Demokratie. Und er stellte klar: »Wir formen unsere Gebäude, und danach formen sie uns.«

Im Mai 1945 begannen die Bauarbeiten, und fünf Jahre später konnte das neue Gebäude eingeweiht werden – mit den wesentlichen Merkmalen des alten Gebäudes. Die räumliche Anordnung mit zwei Fronten wurde beibehalten und sorgte so auch weiterhin für intensive und lebendige Debatten. Auch an den roten Linien auf dem Teppich wurde festgehalten, die, so heißt es, zwei Schwertlängen auseinanderliegen und auch im Eifer des Gefechts nicht übertreten werden dürfen.

Das Gebäude sollte weiter klein bleiben und nur 427 Sitze für die 646 Parlamentsmitglieder bereithalten. Churchill hatte sich dafür eingesetzt. Er glaubte, dass der Großteil der Debatten in der deprimierenden Atmosphäre eines beinahe leeren Saals stattgefunden hätte, wäre der Raum entsprechend groß gestaltet worden. Für ihn waren die dialogorientierte Form und die Möglichkeit schneller, informeller Unterbrechungen und Diskussionen wesentlich für eine gute Debattenkultur im Unterhaus. »Orrdeerrr!«

Da bin ich ganz bei Churchill. Ich habe schon viel vor Publikum geredet und weiß daher aus persönlicher Erfahrung: Hundertzehn Leute auf hundert Sitzplätzen interagieren viel besser als hundertzehn Leute auf zweihundert Sitzplätzen.

Das ist nur ein Beispiel dafür, wie sich unsere Geschichte und unsere Identität in unserer Umgebung und ihrer Gestaltung bemerkbar machen. Die von uns ausgesuchten Farben, die Möbel, die Dinge, die wir zur Schau stellen – sie alle sagen etwas über uns aus und erinnern uns daran, wer wir sind.

Mit unserem Zuhause ist es genauso. Es verkörpert, wie wir leben und wie wir uns sehen. Wir identifizieren uns damit und fühlen uns ihm zugehörig, das sind wesentliche Merkmale in unserer Beziehung zu unserem Zuhause. Das hat auch unsere Befragung von über dreizehntausend Menschen in ganz Europa ergeben. Das Gefühl der Identifikation macht siebzehn Prozent der Emotionen aus, die für die Zufriedenheit mit unserer Wohnung verantwortlich sind. Das Gefühl also, dass unsere Wohnung integraler Bestandteil von uns selbst ist, dass sie erzählt, wer wir sind und woher wir kommen. Unser Zuhause schenkt uns ein Zugehörigkeitsgefühl, es stellt dar, wer wir sind und wie wir wahrgenommen werden möchten. Ellen, eine Frau Mitte vierzig aus Amsterdam, hat es so formuliert: »Das Zuhause ist der Ort, an dem du authentisch sein kannst. Unser Zuhause birgt unsere Identität. Ich fühle mich mit ihm verbunden.«

Wir haben außerdem herausgefunden, dass man auf ein Zuhause, das stark mit der eigenen Identität verknüpft ist, eher stolz ist und dass es dann auch in der Lage ist, das Selbstwertgefühl zu stärken. Maslow hat das Selbstwertgefühl in der Bedürfnispyramide knapp über Zugehörigkeitsgefühl und menschliche Beziehungen gestellt. Es ist für unser Wohlbefinden also enorm wichtig.

Am Institut für Glücksforschung setzen wir beim Bemessen des Selbstwertgefühls die Rosenberg-Skala ein, die von den Befragten wissen möchte, wie sehr sie Aussagen wie »Ich besitze eine Reihe guter Eigenschaften« oder »Ich fürchte, es gibt nicht viel, worauf ich stolz sein kann« zustimmen.

Unser Zuhause ist eine Art Sammlung unseres Lebens. Es zeigt, wer wir sind und wo wir überall waren. Es sollte uns unsere guten Eigenschaften und das, worauf wir stolz sind, vor Augen führen. Es sollte eine Schatzkiste voller Erinnerungen und Geschichten sein. Ein hyggeliges Zuhause hat Persönlichkeit – es zeigt den Menschen, wer wir sind.

Wenn es dir geht wie mir, dann hast du ein Faible für die Bücherregale anderer Menschen. Wofür interessieren sie sich? Haben sie einige derselben Bücher gelesen wie du? Stehen sie auf Romane? Und wie unterscheidet sich diese dritte Napoleon-Biografie von den anderen beiden?

Jemanden in seinen eigenen vier Wänden zu besuchen ist eine wunderbare Möglichkeit, die Person näher kennenzulernen. Und wenn sie ein hyggeliges Zuhause hat, können wir umso besser miteinander in Kontakt treten, eine gute Beziehung aufbauen und tiefgründige Gespräche führen.

Das passiert nicht über Nacht. IKEAs »Life at Home Report« von 2020 zufolge ist die Wahrscheinlichkeit, dass wir die Gestaltung unseres Zuhauses als ideal für unsere Lebensweise empfinden, doppelt so hoch, wenn wir älter sind – neunundvierzig Prozent gegen fünfundzwanzig Prozent. Gestalte deine Wohnung so persönlich und einzigartig wie möglich, dann wird sie hyggelig. Dein Zuhause bringt deine Persönlichkeit zum Ausdruck, aber wie wir von Churchill wissen, formt es dich auch. Es ist keine Einbahnstraße.

IKEAS »LIFE AT HOME REPORT« VON 2020

Das Penthouse der Pyramide

Wie bereits erwähnt, besteht eine wichtige Funktion unserer Wohnung darin, unsere grundlegenden Bedürfnisse nach Sicherheit, Schutz und körperlichem Wohlbefinden zu erfüllen – diese bilden die untersten Stufen der Maslow'schen Pyramide. Doch unsere Wohnung vermag es auch, die Bedürfnisse auf der obersten Stufe zu erfüllen, also den Wunsch nach Selbstverwirklichung – nennen wir sie das Penthouse der Pyramide.

Unsere Bedürfnisse sind dabei ganzheitlich zu betrachten, das heißt, nur wenn unsere Grundbedürfnisse wenigstens zu einem gewissen Grad erfüllt sind, können wir den in der Pyramide oben stehenden Wunsch nach Selbstverwirklichung angehen.

Selbstverwirklichung lässt sich als das Ausschöpfen der eigenen Talente und Potenziale, als Sinnfindung, beschreiben, und den Drang danach verspüren wir alle. Wir wollen das Beste aus uns machen. Das ist einer der Schlüssel zum Glück.

Selbstverwirklichung wird gern fehlinterpretiert als egoistisches Unterfangen, obwohl darunter auch Anteilnahme und Interesse für die Menschen sowie das Gefühl, eins zu sein mit ihnen, zu verstehen ist. Wie kann ich meine Fertigkeiten und Talente in den Dienst der Menschheit stellen? Maslow zufolge verkörpern Eleanor Roosevelt und Albert Einstein eine solche Selbstverwirklichung. Mich persönlich jedenfalls haben die beiden sehr inspiriert. Albert Einsteins Ratschlag »Versuche nicht, ein erfolgreicher, sondern ein wertvoller Mensch zu werden« hat beispielsweise eine große Rolle bei der Gründung des Instituts für Glücksforschung vor zehn Jahren gespielt.

Wie aber hängt die Selbstverwirklichung mit dem Glück zusammen, möchtest du jetzt vielleicht fragen, und das ist eine gute Frage! Scott Barry Kaufman, ein Psychologe, der an der Columbia University und der University of Pennsylvania zum Thema Wohlbefinden forscht, hat dazu im Jahr 2018 einen interessanten wissenschaftlichen Artikel veröffentlicht.

Im Rahmen einer Studie sind fünfhundert Teilnehmende gefragt worden, wie stark sie Aussagen wie »Ich habe in meinem Leben eine wichtige Aufgabe zu erfüllen« oder »Ich akzeptiere sämtliche meiner Marotten und Sehnsüchte, ohne mich dafür zu schämen oder zu entschuldigen« zustimmen. Außerdem sind bei den Teilnehmenden eine Reihe von Indikatoren für persönliches Wohlbefinden untersucht worden. Herausgekommen ist, dass der Grad an Selbstverwirklichung mit der eigenen Lebenszufriedenheit, Neugier, Selbstakzeptanz, mit guten Beziehungen, Unabhängigkeit und einer Lebensaufgabe zusammenhängt. Am Institut für Glücksforschung haben wir in unseren Studien festgestellt: Sowohl die Lebenszufriedenheit als auch eine Lebensaufgabe sind entscheidend für das Glück – und für diese beiden Faktoren sind wiederum Unabhängigkeit und gute Beziehungen von größter Bedeutung.

Dann stellt sich nun die Frage, wie wir mithilfe unseres Zuhauses der Selbstverwirklichung näherkommen. Die Antwort lautet: Gestalte deine Räumlichkeiten so, dass dir dort deine Lieblingsbeschäftigungen in den Sinn kommen und du davon inspiriert wirst, sofort loszulegen. Dazu schauen wir uns die unterschiedlichen Zimmer unseres Zuhauses einmal näher an und finden heraus, wie sie uns beeinflussen.

SO ZIEHT DAS GLÜCK BEI DIR EIN –

Überprüfe jede Pyramidenstufe

Mache dir Gedanken, wie deine Wohnung deine unterschiedlichen Bedürfnisse erfüllen kann. Wie wir gesehen haben, geht es bei einem glücklichen Leben nicht nur ums Überleben und um Sicherheit. Liebe, Zugehörigkeit, ein gutes Selbstwertgefühl und Selbstverwirklichung brauchen wir genauso – die höheren Stufen der Maslow'schen Bedürfnispyramide also.

Meiner Meinung nach kann auch unser Zuhause zur Erfüllung dieser Bedürfnisse beitragen. Es sollte mehr bedeuten als vier Wände und ein Dach. Zum einen sollte es uns ein Gefühl von Sicherheit und Zugehörigkeit vermitteln, zum anderen aber auch mit anderen Menschen in Verbindung bringen, uns aufblühen und gedeihen lassen. Das macht aus dem bloßen Überleben ein gutes Leben. Das macht ein Haus zum Zuhause.

KÖRPERLICHE BEDÜRFNISSE

Nimm dir einen Augenblick Zeit, um die Dinge wertzuschätzen, mit denen dich dein Zuhause auf ganz grundlegender Ebene versorgt. Dankbarkeit ist ein wichtiger Aspekt von Hygge, und oft besitzen wir viel mehr, als uns bewusst ist.

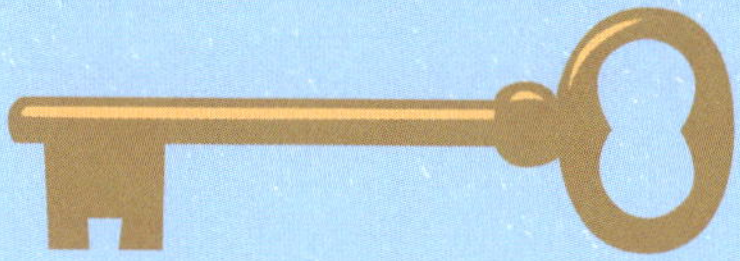

BEDÜRFNIS NACH SICHERHEIT

Wir alle wollen uns behaglich und geborgen fühlen. In einem hyggeligen Heim dürfen deine Schultern lockerlassen.

SELBSTWERTGEFÜHL

Platziere Denkanstöße in der Wohnung, die dich daran erinnern, was du alles geschafft hast, was du liebst, wo du schon überall gewesen und wie toll du bist.

LIEBE UND ZUGEHÖRIGKEIT

Dein Zuhause ist dein Hygge-Hauptquartier. Dort kommst du mit deinen Lieben zusammen. Dorthin kannst du aber auch Leute einladen, die dich besser kennenlernen sollen, und dort könnt ihr alle ein Gefühl der Verbundenheit aufbauen.

SELBSTVERWIRKLICHUNG

Deine Umgebung wirkt sich auf dein Verhalten aus. Nutze dein Zuhause, um dich auf die Dinge zu stoßen, die dich glücklich machen.

Ein zweites Zuhause

Meine Arbeit sorgt dafür, dass ich viel in der Welt herumkomme. 2019 hielt ich in über dreißig Städten Vorträge, von Kapstadt im Süden bis Vancouver im Norden, von Santiago de Chile im Westen bis nach Peking im Osten. Doch das Herumreisen in der Weltgeschichte ist weniger spaßig und exotisch, als es klingt. Ein Großteil besteht aus der Warterei am Flughafen und der Störung deines Tag-Nacht-Rhythmus. Dafür lernst du jede Menge tolle Menschen kennen – und erfährst am eigenen Leib, wie sich die verschiedenen Orte auf deine Stimmung und dein Verhalten auswirken, im Großen wie im Kleinen. So bekniet dich Paris regelrecht, dich hinzusetzen, ein Tässchen Kaffee zu trinken und die Welt an dir vorbeiziehen zu lassen, und im Kleinen kann schon das Hotelzimmer ganz unterschiedliche Gefühle in dir auslösen.

Ich möchte dir von zwei sehr ungleichen Erfahrungen berichten. Einmal bin ich im Dezember nach Peking geflogen, um einen Vortrag an der Tsinghua-Universität zu halten. Ich war noch nie zuvor in China gewesen, und die Stadt faszinierte mich total – ich konnte es gar nicht erwarten, sie zu erkunden. Nur hatte ich das schönste Hotelzimmer des Jahres. Es war nicht sonderlich luxuriös, aber sehr sorgfältig und liebevoll gestaltet worden. Irgendwer musste sich Gedanken gemacht haben, wie dieses Zimmer zum Zuhause für die Gäste werden konnte. Es waren nur Kleinigkeiten. Die ein oder andere Zimmerpflanze, eine kleine Büchersammlung, die du wirklich auch in die Hand nehmen und lesen oder wenigstens durchblättern wolltest. Das Zimmer hatte eine persönliche und intime Atmosphäre; es verströmte Charakter. Es fühlte sich mehr nach zu Hause an als jedes andere Zimmer, in dem ich vorher

untergebracht gewesen war. Obwohl ich unbedingt die Stadt erkunden wollte, war es sehr verlockend, keinen Fuß vor die Tür zu setzen.

Dieses Gefühl stand in starkem Kontrast zu dem, das ich einige Monate zuvor in einem Berliner Hotel gehabt hatte. Meine Kollegin und ich wollten uns dort mit einem unserer Kunden treffen, und ich hatte uns zwei Zimmer in der Nähe ihres Firmenhauptsitzes in Berlin-Mitte gebucht. In meinem Zimmer war alles da, was gemeinhin von einem Hotelzimmer erwartet wird: ein Bett, ein Nachttisch, sogar ein kleiner Esstisch mit vier Stühlen. Aber es hatte keine Seele.

Auf dem Nachttisch stand ein Bilderrahmen, der wahrscheinlich schon mit dem dazugehörigen Bild verkauft worden war. Es zeigte ein Schaf. Nicht mal ein berühmtes Schaf wie Dolly oder eine Figur aus einem Haruki-Murakami-Roman. In die Einrichtung ist nicht viel Hirnschmalz geflossen – und schon gar keine Liebe.

Sei es ein Hotelzimmer, ein winziges Apartment oder ein großes Haus, manche Orte haben einfach das gewisse Etwas. Sie fühlen sich warm und einladend an. Mein Hotelzimmer in Peking war so ein Ort. Es war wie ein zweites Zuhause. Dort fühlte ich mich willkommen und entspannt. In dem Berliner Zimmer hingegen fühlte ich mich fremd und auf der Durchreise.

Diese Erfahrungen brachten mich dazu, Zimmer und Wohnungen unter neuen Gesichtspunkten zu betrachten. Statt mir Gedanken um Äußerlichkeiten zu machen, fragte ich mich von nun an, ob ich gerne dort bleiben wollte und was ich dort wohl machen würde. Zu welchem Verhalten sollte mich mein Zimmer inspirieren? Wie würde sich die Gestaltung auf meine Stimmung und mein Verhalten auswirken, solange ich mich dort aufhielt?

Die Kulisse hat Einfluss auf das Drehbuch, auf unser Verhalten.
Überleg dir mal, wie anders du dich im Fußballstadion im Vergleich zu einem Restaurant verhältst. Wie sehr uns Räumlichkeiten tatsächlich

beeinflussen – und im besten Fall inspirieren –, begriff ich allerdings erst später, als ich das ehemalige Atelier von Cézanne besuchte.

Es befindet sich auf einer steilen Anhöhe außerhalb der südfranzösischen Stadt Aix-en-Provence. Umgeben von einem üppigen Garten liegt das gelb getünchte, zweigeschossige Haus mit den roten Fensterläden, in dessen oberem Stockwerk das Atelier ein großes Fenster Richtung Norden und ein kleines in Richtung Süden aufweist. Zum Zeichnen benötigte Cézanne nämlich Tageslicht, aber kein direktes Sonnenlicht. Dank der Wandfarbe und des Holzbodens, den er statt Fliesen ausgewählt hatte, kam es kaum zu Blendeffekten.

Neben dem nach Norden ausgerichteten Fenster befindet sich etwas in der Wand, was wie ein riesiger vertikaler Briefschlitz aussieht. Das Loch ist dreißig Zentimeter breit, reicht vom Boden bis zur Decke und diente dazu, großformatige Leinwände mühelos ins Studio hinein- und wieder hinauszubefördern.

Von 1902 bis zu seinem Tod im Jahr 1906 arbeitete Cézanne dort jeden Morgen. Bei meinem Besuch wirkte es, als wäre er nur kurz weggegangen, sein Hut und sein Malerhemd hängen nämlich noch dort. Auch seine Staffelei und häufig von ihm genutzte Gegenstände wurden aufbewahrt: Obstschalen, Krüge, Olivengläser, eine Amor-Figur, ein Tischtuch.

Cézanne ließ das Atelier nach seinen Plänen bauen, und es ist offenkundig, was ihm dabei vorschwebte: Er wollte die bestmöglichen Verhältnisse zum Malen kreieren. Und tatsächlich halfen sie ihm dabei, die Meisterwerke, die heute in Museen auf der ganzen Welt zu sehen sind, hervorzubringen. Abraham Maslow würde dazu Folgendes sagen: »Musiker müssen Musik machen, Künstler malen, Dichter schreiben, wenn sie sich letztlich in Frieden mit sich selbst befinden wollen. Was ein Mensch sein kann, muss er sein. Das können wir den Drang nach Selbstverwirklichung nennen.«

Ich persönlich war am Zeichnen und Malen weder interessiert, noch hatte ich Talent dazu. Mein größtes Meisterwerk war das abgepauste Titelbild eines Lucky-Luke-Hefts, meiner liebsten Comicreihe als Kind. Doch wie ich da in Cézannes Atelier stand, inmitten dieses perfekten Lichts, wollte ich zum allerersten Mal in meinem Leben einen Pinsel in die Hand nehmen und malen, so anregend und inspirierend war dieser Raum. Er löste in mir den Drang aus, zu zeichnen, zu erschaffen, die Dinge so zu sehen, wie sie wirklich sind. Während des Aufenthalts in Cézannes Atelier wurde mir klar, warum ich mein Arbeitszimmer so eingerichtet habe, wie ich es eingerichtet habe: Es sollte der ideale Ort zum Schreiben sein.

Dort habe ich meine Büchersammlung, die gelesenen amerikanischen Romane und die nicht fertig gelesenen russischen Romane, untergebracht. Hinzu kommen Gegenstände, die mich an Erkundungen und Abenteuer erinnern – eine indonesische Maske, eine marokkanische Lampe und meine Ausrüstung zum Speerfischen –, sowie Gedächtnisstützen, die mich zu meinen Wurzeln zurückführen: ein Gemälde, auf dem der Bauernhof meines Opas zu sehen ist, eine Kamera aus den 1960er-Jahren, die er meinem Vater geschenkt hat, ein Hocker, den ich mit meinem Onkel aus einem hundertjährigen Kirschbaum gezimmert habe. Jeder dieser Gegenstände löst Erinnerungen in mir aus. Es ist ein Fundus an Geschichten und Erlebnissen, auf den ich beim Schreiben jederzeit zurückgreifen kann.

Auch die Sammlung koreanischer Masken, die mir ein junger Künstler geschenkt hat, befindet sich dort. Er hat seine Mutter durch Selbstmord verloren und setzt sich mit seiner Kunst nun dafür ein, psychische Erkrankungen von ihrem Stigma zu befreien – und uns selbst von den Masken, die wir in Gesellschaft tragen. Mich erinnert diese Sammlung an das kollektive Streben, die Welt zu einem besseren Ort zu machen.

In meinem letzten Buch witzelte ich darüber, dass in dem Londoner Hotel, in dem ich immer wohne, in jedem Zimmer Leonardo da Vincis

»Dame mit dem Hermelin« hängt. Zur Veröffentlichung schickte mir das Team von Random House dann einen Kunstdruck des Gemäldes, der nun die Wand meines Arbeitszimmers ziert.

Dort steht auch der Stuhl, den ich mir zur Feier meines ersten eigenen Buchs gekauft habe und der mir dieses Erfolgserlebnis vor Augen führen soll. Auch ein gemütliches Tagesbett habe ich dort aufgebaut, denn bevor ich schreibe, lese ich mich zuerst einmal in das Thema ein. Zu guter Letzt befindet sich in meinem Arbeitszimmer noch ein wunderschöner Schreibtisch aus Walnussholz mit Linoleumbelag. Ein Schreibtisch, der dich förmlich anfleht, dich hinzusetzen und zu schreiben.

Ich weiß, es ist nicht gerade subtil und bescheiden, mich mit Cézanne auf eine Stufe zu stellen. »Cézanne und ich, wir sind auf einem Level, total gute Kumpels, kreative Genies.« Ja, die Welt braucht mehr bescheidene Genies wie uns.

Aber Spaß beiseite. Die Erkenntnis hier soll sein, dass uns Zimmer und Wohnungen inspirieren können. Sie können uns motivieren, uns selbst zu verwirklichen. Gebäude und Inneneinrichtung sind imstande, uns kontinuierlich wachsen und gedeihen zu lassen. Ein glückliches Zuhause hilft uns dabei, unseren Leidenschaften nachzugehen und die Person zu werden, die wir sein wollen. Genau das ist der Cézanne-Effekt – wenn uns unser Zuhause inspiriert, wenn es unsere Selbstverwirklichung fördert. Denn: »Wir formen die Gebäude, danach formen sie uns.« Diese Churchill-Weisheit kennen wir ja bereits.

Schauen wir uns nun zwei konkrete Beispiele dafür an, wie uns unsere Wohnung sowohl körperlich als auch intellektuell formt.

Bücher machen Menschen

Ich möchte dir gern eine Frage stellen: Wie viele Bücher standen bei dir zu Hause herum, als du sechzehn warst? Ein Meter entspricht ungefähr vierzig Büchern, und bei mir daheim waren es in etwa dreihundertfünfzig Bücher.

Der Grund, warum ich frage: Wir haben hier ein gutes Beispiel dafür, wie unsere Räumlichkeiten uns formen, ohne dass wir uns dessen überhaupt bewusst sind. Im Rahmen einer Studie der Australian National University wurde den über hundertsechzigtausend Teilnehmenden aus einunddreißig Ländern genau diese Frage gestellt, außerdem wurden weitere Daten von ihnen erfasst, etwa, wie es um ihre Lese- und Schreibkompetenz sowie ihre Rechenfertigkeiten bestellt ist.

Ja, die Anzahl der Bücher variiert stark und reicht von siebenundzwanzig in der Türkei bis hin zu zweihundertachtzehn in Estland. Und ja, das Bildungsniveau deiner Mutter und deines Vaters, die Berufe, die sie ausüben, und die Menge an Büchern, die sie lesen, all das lässt auf deine Lese- und Schreibkompetenz schließen – die Anzahl an Büchern in deinem Elternhaus, als du Teenager warst, aber genauso, selbst bei Bereinigung um andere Hintergrundfaktoren.

DURCHSCHNITTLICHE ANZAHL AN BÜCHERN PRO LAND

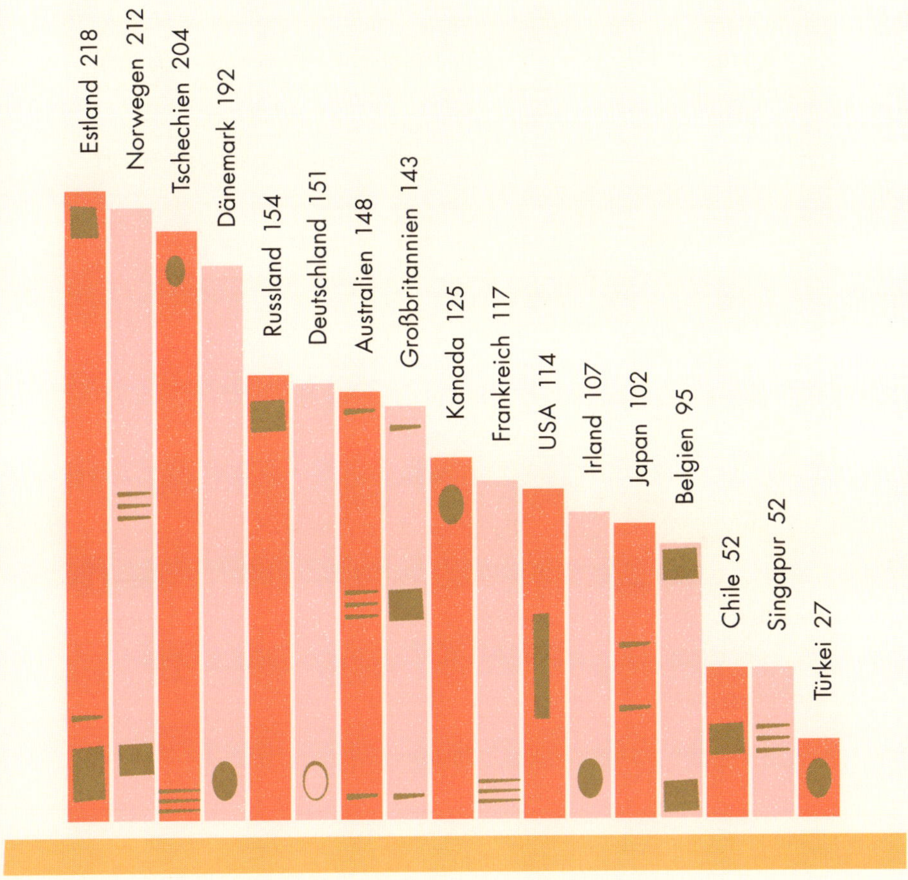

THE ARAB-ISRAELI CONFLICT
LESCH
THE RULES OF WORK
La Synergologie
The World Is Flat
Thomas L. Friedman
THE RIGHT TO WRITE
STEPHEN KING
UNDER THE DOME
EMMA
PRIDE & PREJUDICE
JANE AUSTEN
WUTHERING HEIGHTS
JANE EYRE
BEAUTIFUL CREATURES
BEAUTIFUL DARKNESS
FLANNEL
GOOD VIBES ONLY
NICHOLAS SPARKS
At First Sight
Jojo Moyes
After YOU
IT'S LIT!
MUSSO
guillaume mu
MUSSO

Die Studie hat ergeben, dass Sechzehnjährige, die in einem bücherlosen Elternhaus leben, später eine unterdurchschnittliche Kompetenz im Lesen, Schreiben und Rechnen aufweisen. Jugendliche ohne höheren Schulabschluss hingegen, die von vielen Büchern umgeben waren, können als Erwachsene genauso gut lesen, rechnen oder technische Probleme lösen wie Hochschulabsolventen, die mit einer geringen Anzahl an Büchern aufwuchsen.

Wenn dein Kind also in eine Bibliothek spaziert und am Tresen zwei Cheeseburger bestellen möchte, hast du zu wenige Bücher zu Hause herumstehen. Keine Sorge, es braucht keine ganze Bibliothek. Der oben genannten Studie zufolge heben schon achtzig Bücher die Lese- und Schreibfähigkeiten auf ein durchschnittliches Niveau, während dreihundertfünfzig Bücher diesen Effekt nicht noch mehr steigern. Achtzig Bücher sind natürlich eine Menge, also besorgst du dir sie vielleicht am besten gebraucht (oder leihst sie dir regelmäßig in einer städtischen Bücherei aus).

Jetzt denkst du vielleicht: »Ich mache mir nichts aus Büchern und Lesen.« Dazu habe ich dreierlei zu sagen. Erstens: Wir können leider keine Freunde sein. Zweitens: Es geht darum, dass deine Stimmung und dein Verhalten von den Räumlichkeiten deiner Wohnung beeinflusst werden. Je nach Beschaffenheit und Einrichtung des Raums verhältst du dich anders. Allein die Tatsache, dass Bücher dort stehen, wird etwas verändern. Drittens: Denke darüber nach, dass der römische Staatsmann und Gelehrte Cicero angeblich einst darauf hingewiesen hat, dass ein Raum ohne Bücher wie ein Körper ohne Seele sei. Damit meinte er natürlich, dass ein Zuhause ohne Bücher kein hyggeliges Zuhause ist. Eine modernere Variante dieser Aussage soll der US-amerikanische Schauspieler und Regisseur John Samuel Waters Jr. getroffen haben: »Wenn du mit jemandem nach Hause gehst und die Person keine Bücher besitzt, schlafe nicht mit ihr.« Schlafe nicht mit Leuten, die nicht lesen. Oder: Wo keine Bücher, da kein Hygge.

Es gibt noch mehr Beispiele dafür, wie wir unser Zuhause formen und es anschließend uns formt. Das University College London führt mit über achtzehntausend Kindern, die um die Jahrtausendwende geboren wurden, eine Langzeitstudie durch, die sogenannte UK Millennium Cohort Study. Ziel ist ein besseres Verständnis davon, wie die Lebensumstände während der Kindheit das spätere Leben beeinflussen.

Etwa die Hälfte der Kinder hatte im Alter von sieben Jahren einen Fernseher im Kinderzimmer stehen. Vier Jahre später war das Risiko für Übergewicht bei den Jungen um zwanzig Prozent höher, bei den Mädchen sogar um dreißig Prozent höher als bei den Kindern ohne Fernseher im Zimmer.

Der Hauptautorin Dr. Anja Heilmann vom Institute of Epidemology and Health Care des University College London zufolge besteht ein klarer Zusammenhang zwischen Fernseher im eigenen Zimmer und späterem Übergewicht. Strategien zur Prävention von Fettleibigkeit bei Kindern sollten ihrer Ansicht nach daher den eigenen Fernseher im Kinderzimmer als Risikofaktor bewerten.

Bei mir funktionierte die Sache genau andersherum. Als Kind verbrachten wir den Sommer in unserer Ferienhütte, in der ein vierzehn Zoll großer Schwarz-Weiß-Fernseher mit miesem Empfang stand. Deshalb sahen wir viel weniger fern als zu Hause. Das Einzige, was ich mir im Sommer 1992, im Alter von vierzehn Jahren, ansah, war das Finale der Fußball-WM, in dem Dänemark gegen Deutschland spielte – und gewann! Die Fernseher sind seitdem flacher geworden, die Kinder dafür dicker. Auch hier sehen wir, wie die Gestaltung eines Zimmers sich direkt auf unsere Gesundheit und unser Wohlbefinden auswirken kann.

SO ZIEHT DAS GLÜCK BEI DIR EIN –

Die Funktion kommt an erster Stelle

Bedenke, wie die Einrichtung die Geschehnisse im Zimmer beeinflusst. Statt ein leeres Zimmer mit den vermeintlichen Standards zu möblieren – Deckenlicht, Stühle oder Sofa, Gemälde oder Drucke an der Wand –, überlegst du dir zuerst einmal, was das Zimmer für dich tun soll. Das ist eine humanistischere Herangehensweise, die dich selbst ins Zentrum rückt. Falls du dir unsicher bist, stelle dir folgende Fragen:

- Welche Funktion soll das Zimmer in deinem Leben erfüllen?
- Für welches Bedürfnis oder Begehren erhoffst du dir Lösungen?
- Handelt es sich um ein Zimmer für geselliges Beisammensein oder für ruhige Ich-Zeit?
- Was brauchst du, um dich dort wohlzufühlen?

Wenn das Zimmer klein ist, musst du womöglich überlegen, welche Funktion wichtiger ist: Besteht der perfekte Abend zu Hause für dich in einem Abendessen mit Freunden oder in einem Fernsehmarathon mit *Herr der Ringe*? Was ist wichtiger, der Esstisch oder das Sofa?

Wenn du gerne zeichnest, gestatte es deinem Zimmer, dich daran zu erinnern. Die meisten von uns können es sich wahrscheinlich nicht leisten, ein Atelier neu zu bauen wie Cézanne, mit den perfekten Lichtverhältnissen und einem Leinwandschlitz in der Wand, aber für eine Staffelei ist vielleicht doch Platz. Womöglich auch für einige der Gegenstände, die Cézanne gerne malte: für eine leere Weinflasche, einen Wasserkrug oder eine Obstschale. Für den Totenkopf eher nicht.

In einem hyggeligen Zuhause gibt es eine Reihe von Zimmern, die dir vor Augen führen, wer du bist und was dich glücklich macht. Wo du dir Raum geschaffen hast für das, was du am liebsten tust.

Jenseits der eigenen vier Wände: Nach Hause finden, wenn das Gedächtnis nachlässt

Eine individuelle Gestaltung kann auch Wunder wirken, wenn wir im Alter nicht mehr so leicht nach Hause finden. Mit einer unverwechselbaren Haustür etwa kommen wir gleich viel besser zurecht.

In der Pflegeeinrichtung Pieter van Foreest Weidevogelhof in Pijnacker, einer kleinen Gemeinde zwischen Rotterdam und Den Haag, hatten sämtliche Türen dieselben Farben – ein typisches »öffentliches« Orange mit blauem Rahmen. Für Demenzkranke kann der Umzug in ein neues Zuhause, oftmals in eine Einrichtung für betreutes Wohnen, richtig beängstigend sein. Wo bin ich? Wo ist meine Wohnung? Ein niederländisches Unternehmen hatte eine simple Idee, wie man diesen Übergang etwas angenehmer gestalten kann, sodass sich der neue Ort ein bisschen vertrauter anfühlt. Sie knöpfen sich die neue Tür der Bewohner vor und verleihen ihr das Aussehen der Haustür des früheren Zuhauses. Eine ist aus wunderschön geschnitztem Holz gefertigt, eine andere weist ein buntes Glasmosaik auf, und wieder eine andere ziert ein Graffito. Die Bewohnerin der letztgenannten Tür hat vielleicht in der Großstadt gelebt und vermisst die urbane Atmosphäre.

Dazu fotografieren sie die alte Haustür, die womöglich fünfzig Jahre lang das Zuhause symbolisiert hat, drucken das Bild aus und befestigen es an der Tür des neuen Zimmers. In den Fällen, in denen es nicht möglich ist, ein Foto von der ehemaligen Tür zu machen, können sich die Bewohner aus einem Katalog mit Hunderten von Fotos diejenige aussuchen, die ihrer am ähnlichsten ist.

Dadurch können die Bewohner ihr Zimmer viel leichter finden und spazieren seltener in den falschen Raum. Das Schönste ist aber, dass so die Atmosphäre, die in Einrichtungen für betreutes Wohnen oft sehr unpersönlich wirkt, viel heimeliger und freundlicher geworden ist. Denn unser Bedürfnis nach Zugehörigkeit verlieren wir nie, auch dann nicht, wenn wir unser Zuhause verlassen, in dem wir Jahrzehnte unseres Lebens verbracht haben.

CHECKLISTE FÜR EINE ARCHITEKTUR DES GLÜCKS

- ❑ Überlege dir, wie du es erreichen kannst, dass dein Zuhause sämtliche deiner Bedürfnisse erfüllt, angefangen bei den Basics wie Sicherheit und Funktionalität, über deine sozialen Bedürfnisse bis hin zu Wertschätzung und schließlich Selbstverwirklichung.

- ❑ Drücke der Wohnung deinen Stempel auf. Egal, ob sie dir gehört oder du zur Miete wohnst: Du sollst das Gefühl haben, sie ist deine. Dein Zuhause soll zum Ausdruck bringen, wer du bist.

- ❑ Werde dir zuerst über die gewünschten Funktionen klar, bevor du dich aufs Aussehen konzentrierst. Welches Gefühl geben dir deine Räume, und zu welchem Verhalten animieren sie dich? Bedenke die Folgen deiner Design-Präferenzen. Sind Stühle und Sofas so angeordnet, dass sie zu Gesprächen einladen, oder animieren sie eher zum Komaglotzen? Macht der Fernseher den Eindruck eines Hausaltars? Lässt er sich vielleicht in einem Schrank verstecken, wenn du ihn gerade nicht brauchst?

- ❑ Nutze die Deko, um dich zum Handeln zu bringen. Wenn dich Opas alte Schreibmaschine daran erinnert, wie er dir das Lesen beigebracht hat, stelle sie dir ins Bücherregal oder neben den Schreibtisch.

KAPITEL

8

HYGGE IST HAUS-GEMACHT

Letzten Herbst besuchten mein Freund Mikkel und ich einen Kurs in Bierbrauerei. An diesem Nachmittag radelte ich – nach vier Stunden Spiel und Spaß mit Hopfen, Malz und Hefe – mit sechzehn Litern India-Pale-Ale-Gebräu auf dem Gepäckträger meines Fahrrads nach Hause.

Doch das war nur der Anfang des Brauvorgangs. In den kommenden beiden Wochen sollte die Hefe den Zucker in Kohlensäure und Alkohol umwandeln, sollten Magie und das Hygge-Gefühl entstehen. Das Bier lagerte in einem Gäreimer, und die Kohlensäure konnte durch ein Glasröhrchen entweichen, wobei sie ein hyggeliges Blubbern von sich gab. Diesen Gäreimer bewahrte ich in meinem Arbeitszimmer auf, doch der Geruch des India Pale Ale vertrieb mich in andere Ecken meiner Wohnung – ein kurzzeitiges Opfer für ein langfristiges Hygge-Gefühl. Nachdem der Gärvorgang abgeschlossen war, füllte ich das Bier ab und ließ es noch ein paar Wochen reifen, damit sich der Geschmack entfalten konnte. Das alles war viel Warterei und viel Arbeit, aber durch und durch hyggelig. Deshalb taufte ich das Bier »Little Brew of Hygge«.

Falls du *Hygge – Ein Lebensgefühl, das einfach glücklich macht* gelesen hast, erinnerst du dich vielleicht noch daran, dass ich mich auch schon an Limoncello versucht habe. Das war genauso hyggelig. Mein nächstes Projekt wird die Herstellung von Cidre sein. Ich bin mir bewusst, dass der gemeinsame Nenner hierbei der Alkohol ist, aber das muss nicht zwangsweise so sein. Entscheidend für das Hygge-Gefühl ist der Faktor des Hausgemachten. Es ist irgendwie wohltuend, etwas beim Vor-sich-hin-Köcheln, Gären oder Fermentieren zu bewachen. Fermentieren ist quasi die Extremvariante des hyggeligen Slow Food.

Es heißt, Beschäftigung und Vorfreude seien wichtige Zutaten für das Glück. Also suchst du dir einfach ein Essensprojekt, das mehrere Wochen in Anspruch nimmt. Du könntest Kimchi selbst machen. Oder Cidre. Oder, wenn du mit etwas ganz Simplem starten willst, wie wäre es mit Salzzitronen? Die sind supereasy, sehen toll aus und schmecken auch so.

SO ZIEHT DAS GLÜCK BEI DIR EIN –

Rezept für Salzzitronen

Durch diese Prozedur werden den Zitronen die Bitterstoffe entzogen, wodurch ein intensiver, konzentrierter Zitronengeschmack entsteht. Und das Beste ist: Für dieses umwerfende Aroma braucht es gar nicht viel.

1. Schnapp dir ein altes Marmeladenglas, und mach es sauber. Sterilisiere es, zum Beispiel indem du es auskochst – aber sei vorsichtig, Verbrühungen sind nicht hyggelig.
2. Presse 1–2 Zitronen aus.
3. Wasche mehrere Zitronen heiß ab, und schneide sie längs in Viertel – aber so, dass die Enden der Zitronen noch zusammengehalten werden.
4. Verteile jeweils etwa 1 EL Salz auf den Schnittflächen, drücke die Früchte fest zusammen, und schichte sie dann in das Einmachglas.
5. Gib eine weitere ordentliche Portion Salz sowie den Saft der ausgepressten Zitronen in das Glas. Gieße anschließend so viel kochend heißes Wasser darauf, dass alle Früchte vollständig bedeckt sind.
6. Stelle das Einmachglas in den Kühlschrank oder an einen anderen kühlen, dunklen Ort, und lass die Zitronen dort vier bis acht Wochen ruhen.
7. Probiere die Salzzitronen zu Lamm-Eintopf und marokkanischen Salaten. Du wirst ausflippen!

Bei Hygge-Essen geht es im Grunde darum, wie wir aus simplen Zutaten den meisten Geschmack herausholen. Und manchmal ist eine der Hauptzutaten Zeit. Selbst zu kochen ist nicht nur gesünder und günstiger, es versorgt uns auch mit Dingen, die für unser Lebensglück zentral sind. Wenn wir ein selbst gezaubertes Gericht auf den Tisch stellen, ist das ein Erfolgserlebnis, und das verschafft uns ein Gefühl der Genugtuung. Das Wichtigste aber: Kochen ist ein Akt der Liebe. Damit zeigst du den Menschen, dass sie dir am Herzen liegen, dass du extra für sie etwas zubereitet und kreiert hast, an dem sie sich erfreuen können. Deshalb ist die Küche voller Hygge-Magie. Das kennst du vielleicht von Privatpartys. Dort findet der beste Teil des Abends nämlich häufig in der Küche statt.

Aus diesem Grund freue ich mich auch so über die Ergebnisse einer kürzlich erfolgten Umfrage, die vom Fenster- und Türenhersteller Anglian Home Improvements in Auftrag gegeben worden ist. Dabei wurden tausend britische Immobilienbesitzer dazu befragt, wie ein Haus zum Zuhause wird. Was genau ist es, das Wände und Mauern zu unserer persönlichen Oase macht? Interessanterweise hat es kein Gegenstand in die Top Five geschafft. Der erste Gegenstand – das Sofa – rangiert auf Platz sieben. Die Schwergewichte für ein Gefühl von Zuhause sind nämlich ganz andere: Liebe, der Klang von Lachen und gemeinsame Mahlzeiten, darauf kommt es den Menschen an.

WAS MACHT EIN HAUS ZUM ZUHAUSE?

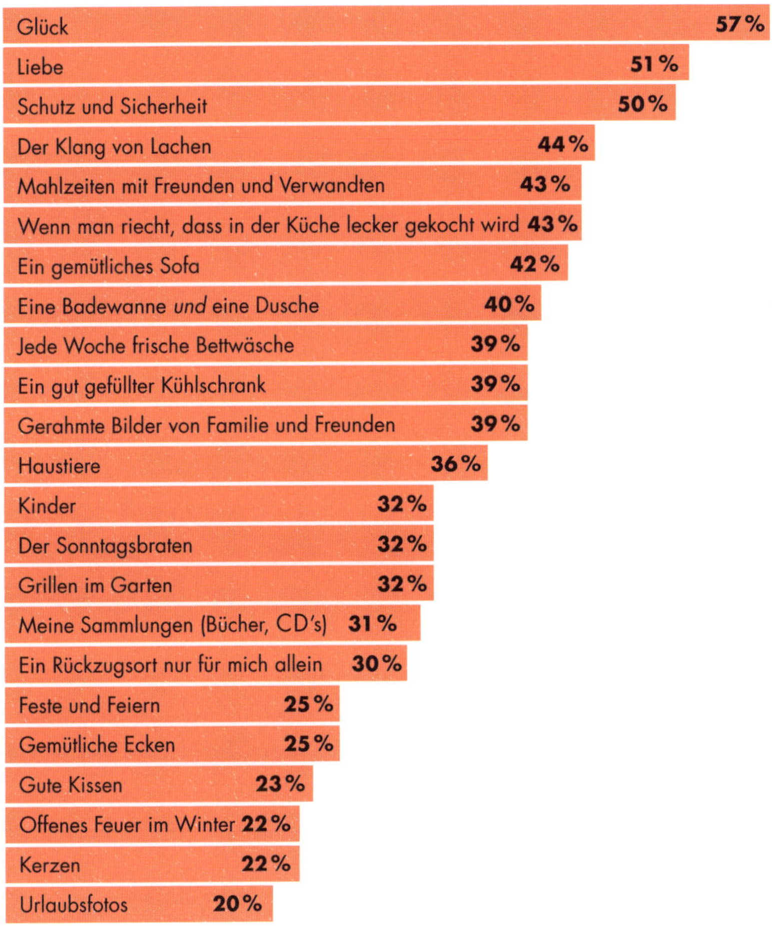

Madglæde – Gaumenfreuden

Eine meiner Lieblingsfotografien wurde 1894 in den Wäldern von Maine aufgenommen. Sie zeigt eine Gruppe von zehn festlich gekleideten Frauen und Männern mit großen Hüten bei einer Landpartie. Alle halten sich ein Stück Wassermelone vors Gesicht, wodurch es so aussieht, als hätten sie ein überdimensionales Grinsen im Gesicht. Ihre Münder mögen von der Wassermelone verdeckt sein, doch ihre Augen verraten, wie glücklich sie sind. Das ist nur ein kleines Beispiel, aber Beweise für den Zusammenhang zwischen Essen und Glück sind allgegenwärtig. Essen ist schon immer und überall eine der elementarsten und einfachsten Quellen des Glücks gewesen.

Der britische Philosoph Jeremy Bentham (1748–1832) war einer der Ersten, die versuchten, das Glück zu bemessen. Benthams Theorie nach handeln die Menschen so, dass sie möglichst viel Genuss und möglichst wenig Leid erfahren. Er entwickelte das Konzept des »hedonistischen Kalküls«, mit dem berechnet wird, wie viel Freud oder Leid eine Handlung hervorbringen wird. Glück wird oft mit Hedonismus und dem griechischen Philosophen Epikur in Verbindung gebracht, der glaubte, dass die Anwesenheit von Freuden und Genuss bei gleichzeitiger Abwesenheit von Unlust und Leid zu vollkommenem Glück führen würde. Der griechische Philosoph Aristoteles vertrat eine andere Denkrichtung. Ihm zufolge ist ein Leben dann schön und glücklich, wenn es von Sinn und tugendhaften Taten erfüllt ist. Unsere heutigen Vorstellungen von Glück gehen auf diese beiden Denkrichtungen zurück. Ich persönlich bin der Meinung, ein gutes Leben ist von beidem geprägt, von Sinnhaftigkeit *und* Freude am Genuss.

Ich bin davon überzeugt, dass wir ein gutes, facettenreiches und erfüllendes Leben am ehesten dann führen, wenn es uns gelingt, diese beiden Elemente hinzuzufügen. In einem hyggeligen Zuhause weiß man daher um die Bedeutung von *madglæde*, das im Dänischen für die Freude und den Genuss am Essen steht. Obwohl wir ja dem Essen, das uns Freude bereitet, in letzter Zeit eher kritisch gegenüberstehen. Es ist beinahe so, als müssten wir dabei ein schlechtes Gewissen haben, als sei ein Gaumenschmaus eine Sünde.

Dabei geht es bei Hygge um die einfachen Freuden, wie den Geschmack von frischem selbst gebackenen Brot und den Duft einer Packung Kaffeebohnen, die du gerade geöffnet hast. (Bin ich der Einzige, der kräftig daran schnuppert?) Was wäre, wenn wir den Genuss, den uns das Essen bereitet, genauso gewissenhaft zählen würden wie die Kalorien? Ich gehe jede Wette ein, dass Bentham mir beipflichten würde. Unsere Einstellung zum Essen müssen wir, meiner Meinung nach, unbedingt ändern. Wenn unter Gesundheit nicht nur das Freisein von Krankheit, sondern größtmögliches körperliches, mentales und soziales Wohlbefinden zu verstehen ist, dann ist ein gesundes Essen eines, das uns glücklich macht und unsere Seele wärmt, das uns Genuss bietet und uns mit Menschen in Verbindung bringt.

Wenn von Gesundheit die Rede ist, müssen wir Genuss, Wohlbefinden und Lebensqualität miteinbeziehen. Die US-amerikanische Food-Autorin Mary Frances Kennedy Fisher hat es in ihrem Klassiker aus dem Jahr 1954, *Die Kunst des Essens*, so formuliert: »Mit guten Freunden … und gutem Essen auf dem Tisch … möchte man sich fragen: Wann sollen wir leben, wenn nicht jetzt?«

Hygge heißt, zu Hause das Leben zu feiern, die Behaglichkeit und die einfachen Freuden des Lebens zu genießen. Madglæde zu zelebrieren. Und mit madglæde geht sicher ein Interesse an den Zutaten einher – und womöglich gar der Wunsch, sie selbst anzubauen.

Selbst angebautes Hygge

Im Rahmen unserer Studie zum Thema, wie ein Haus zum Zuhause wird, fragten wir die Teilnehmenden auch, wie sie sich ihr perfektes Zuhause vorstellen. Einige gaben an, von einem eigenen Obst- und Gemüsegarten zu träumen. Eine Person, die tatsächlich einen besaß, meinte: »Die Welt da draußen ist verrückt. Deshalb bauen wir unser eigenes Obst und Gemüse an. Wir wollen autark sein. Für mich ist das hier ein Zufluchtsort. Eine Arche.«

Stefan, ein anderer Teilnehmer Mitte dreißig, der in Berkshire lebt, schrieb nach dem Interview ein paar Zeilen: »Mir ist während des Gesprächs noch etwas eingefallen, was ich sagen wollte, doch dann wurde das Thema gewechselt. Es hat mit dem perfekten Zuhause zu tun. Also, ich hätte gerne ein paar Obst- und Gemüsebeete oder einen Schrebergarten mit ein, zwei Gewächshäusern, damit ich mein eigenes Obst und Gemüse ernten kann. Das macht nicht nur Spaß, ist gesund, praktisch und therapeutisch wertvoll, sondern entspricht auch diesem Wunsch, autark zu sein und seine Familie ernähren zu können, über den wir gesprochen haben.«

Ich bin also nicht allein mit dem Wunsch nach einem kleinen Stück Land, auf dem ich mein eigenes Gemüse anbauen kann. Die größte Ernte, die ich bislang einfuhr, waren die Früchte einer kleinen Chilipflanze auf der Fensterbank, aber ich habe jeden einzelnen Schritt genossen: wie sich die Blüten in kleine Chilis verwandelten, wie diese sich rot färbten, wie sie in meine Tacos wanderten. Für den Anbau des eigenen Gemüses gilt, meiner Meinung nach, dasselbe wie fürs Selbstkochen: Es beschert dir Erfolgserlebnisse und Freude, wenn du erlebst, wie sich etwas in eine Köstlichkeit verwandelt. Als Nächstes werde ich in meiner kleinen Farm Austernpilze anbauen. Sie gedeihen hervorragend in Kaffeesatz.

SO ZIEHT
DAS GLÜCK BEI DIR EIN –

Ziehe etwas auf der Fensterbank heran

Ich weiß, wir können nicht alle einen eigenen Garten haben, auch ich habe den Großteil meines Lebens in Wohnungen verbracht. Zum Glück gibt es eine Menge Obst und Gemüse, das sich genauso gut in Blumentöpfen anbauen lässt, also keine Sorge: Eine Fensterbank reicht für den Anfang völlig aus. Am einfachsten kultivieren lassen sich:

1. Radieschen, die für einen leckeren Biss und leichte Schärfe im Salat sorgen.
2. Spinat, der so wunderbar köstlich in Eintöpfen und Curry-Gerichten zusammenfällt und sie mit gesundem Grün bereichert.
3. Microgreens, die jedes Gericht mit Frische und Farbe aufpeppen.
4. Chilipflanzen, die deinem Leben ordentlich Würze verleihen.
5. Tomaten, denen du beim Wachsen beinahe zuschauen kannst. Toll für Kinder!
6. Gurken. Nimm eine kleinwüchsige Sorte, und lass sie an einem Faden oder einer Rankhilfe nach oben wachsen.
7. Erdbeeren. Drinnen brauchst du keine Angst zu haben, dass sie von den Vögeln weggeschnappt werden.
8. Basilikum. Dies ist dein erster Schritt in Richtung selbst gemachtes Pesto für die Speisekammer.
9. Ingwer. Bedecke die Wurzel unter 1–2 Zentimetern Erde. Sie braucht nicht einmal direktes Sonnenlicht, ein warmes Plätzchen genügt.
10. »Parsley, sage, rosemary and thyme« – Petersilie, Salbei, Rosmarin und Thymian. Wie auf der Scarborough Fair!

Samen des Trosts

Vor der Eröffnung des Happiness Museum in Kopenhagen riefen wir die Leute dazu auf, Gegenstände zu nominieren, die für sie Glück symbolisieren. Wir waren überwältigt, wie viele Leute sich meldeten und wie bereitwillig sie dem Museum Gegenstände spendeten! Darunter befanden sich ein Asthmaspray, Verzierungen von Hochzeitstorten, Medaillen von Marathonläufen – und Tomatensamen. Die Samen hatte uns Katie aus den USA geschickt.

Als Katies Vater 2006 verstarb, konnte sie sich nicht überwinden, seine Kleidung wegzuwerfen, also behielt sie die Hemden und nahm sie auch mit, als sie mit ihrer Familie umzog. Als der zehnjährige Todestag ihres Vaters näher rückte, beschloss Katie, aus den Hemden Patchworkdecken für ihre Mutter und ihre Geschwister anzufertigen. Als sie die Oberteile dann durchging, fand sie einen alten Aufkleber, einige Flusen und ein paar Samen, die am Baumwollstoff festhingen. Ihr Vater war ein leidenschaftlicher Gärtner gewesen. Katie entschied, die zehn Jahre alten Samen einzupflanzen, und einige Tage später erschien tatsächlich ein kleiner grüner Sprössling. Sie wässerte ihn, düngte ihn und schaute zu, wie sich der Samen in eine drei Meter große Tomatenpflanze verwandelte.

Dieses Erlebnis inspirierte Katie dazu, sich der Saatgutgewinnung und dem Gärtnern zu widmen. Von dieser ersten Pflanze hob sie einige Samen auf, trocknete sie, lagerte sie ein und pflanzte sie im darauffolgenden Jahr in ihren Garten. Irgendwann fing sie an, die Samen mit Freunden, die Angehörige verloren hatten, zu teilen. Die Idee weitete sich aus. Inzwischen hilft Katie bei Trauer-Camps für Kinder mit und hat das Projekt »Comfort Seeds« ins Leben gerufen.

Kolonihaver – Hygge ernten

Außer meinen Schritten auf dem Schotterweg kann ich noch etwas anderes hören: Vogelgezwitscher und wie irgendwer in etwas weiterer Entfernung Erde umgräbt. Der Duft von Holunderblüten liegt in der Luft, und irgendwo in der Nähe wird wohl gerade ein Apfelkuchen gebacken.

Ich befinde mich in einem der Kolonihaver in und um Kopenhagen, einer Schrebergartensiedlung mit bunten Holzlauben, in denen die Bewohner Kopenhagens ihre Lungen mit frischer Luft füllen und sich die Hände schmutzig machen können. *Kolonihaver* heißt wörtlich »Gartenkolonien«, und diese mixen ein einfaches und entschleunigtes Leben im Freien zu einer Art Hygge-Smoothie zusammen.

Die dänische Version des Schrebergartens darf nicht größer als vierhundert Quadratmeter sein, und du darfst nicht das ganze Jahr über dort wohnen, nur von etwa April bis Oktober. Das restliche Jahr über wäre es aber sowieso zu kalt, die Lauben sind nämlich klein und meist nicht isoliert.

Die dänischen Schrebergärten dienten ursprünglich den Arbeiterfamilien in den dicht besiedelten Städten zur Lebensmittelversorgung und Erholung. Teilweise wurden sie auch »Armengärten« genannt, weil sie ärmeren Familien den Genuss von frischem Obst und Gemüse ermöglichten. Heute besitzen die Kolonihaver einen sehr hohen Hygge-Faktor, und du fühlst dich reich beschenkt, wenn du einen von ihnen ergatterst. Einige der Lauben, die darin stehen, sind weniger als zwanzig Quadratmeter groß, bieten also wenig Fläche, aber dafür umso mehr Hygge, denn sie heben das einfache Leben auf ein neues Level.

Ich komme mit dem Mann, der die Erde umgräbt, ins Gespräch. Ihm und seiner Frau gehört eine große Wohnung im Zentrum von Kopenhagen, aber sie verbringen jeden Sommer mindestens vier Monate hier, gemeinsam mit ihrem kleinen Sohn. »Das Beisammensein hier ist anders«, erklärt er. »Wir sind einfach nur zusammen, im Freien, und fühlen uns wohl. Du weißt schon, Hygge eben.«

Sie bauen fünfzehn verschiedene Gemüsesorten auf ihrer Parzelle an, und sie haben auch zwei Apfelbäume. Er sagt: »Ich arbeite in einer IT-Abteilung und mag meinen Job, aber nichts erfüllt dich mit mehr Genugtuung, als das eigene Gemüse anzubauen.«

SO ZIEHT DAS GLÜCK BEI DIR EIN –

Lebensmittelverschwendung ist nicht hyggelig

Ein kürzlich veröffentlichtes Gutachten hat gezeigt, dass in britischen Privathaushalten jährlich 4,5 Millionen Tonnen Lebensmittel verschwendet werden. In Geld ausgedrückt sind das 16,5 Milliarden Euro – oder 830 Euro pro Durchschnittsfamilie. In den USA wird sogar noch mehr weggeschmissen. Mehrere Studien haben zutage gefördert, dass in amerikanischen Privathaushalten dreißig bis vierzig Prozent der Lebensmittel in der Tonne landen. Dem *American Journal of Agricultural Economics* zufolge wandern in einem durchschnittlichen amerikanischen Haushalt Lebensmittel im Wert von 1.765 Euro pro Jahr in den Müll. Inzwischen macht die Lebensmittelverschwendung sogar sechs bis acht Prozent der weltweiten Emissionen an Treibhausgasen aus. Das Gute ist, dass wir eine Menge tun können, um wenigstens die Verschwendung bei uns zu Hause einzudämmen – indem wir unser Verhalten in der Küche neu gestalten.

- Richte dir im Kühlschrank ein »Ruhestands-Fach« ein. Dort stellst du sämtliche Lebensmittel hin, die bald aufgebraucht werden müssen, weil sie sonst schlecht werden. Dadurch hast du gleich im Blick, was du heute oder morgen »verkochen« musst.
- Mach dich mit leckeren Resteessen vertraut. Du hast ein paar Tomaten, zwei Stück Käse, eine Zwiebel, eine Zucchini, ein fast leeres Glas Oliven und etwas Fleisch übrig? Fantastisch – heute gibt's Pizza! Suppe, Risotto, Ragout oder Eintopf – die Möglichkeiten, aus deinen Resten neue Gerichte zu zaubern, sind schier endlos.
- Beeren und anderes älteres Obst lassen sich zu Marmelade oder Kuchen verarbeiten. Äpfel, Rhabarber oder Orangen? Bringe Zucker in einer ofenfesten Pfanne zum Schmelzen, füge Butter und anschließend die Früchte hinzu. Lass alles einige Minuten lang köcheln. Dann nimm die Pfanne vom Herd, und lass sie ein paar Minuten lang abkühlen. Anschließend bedeckst du die Obstmasse mit Blätterteig und faltest ihn an den Rändern nach unten. (Sei vorsichtig, der Zucker könnte noch sehr heiß sein.) Stich mit einer Gabel mehrmals in den Teig, und stelle die Pfanne zum Schluss etwa 25 Minuten lang in den auf 200 Grad vorgeheizten Ofen. Lass alles zehn Minuten lang abkühlen, lege einen großen Teller auf die Pfanne, dreh sie um – et voilà! Eine Tarte Tatin (falls du Äpfel genommen hast) für einen richtig hyggeligen Nachmittag.
- Hast du einen Haufen Party-Essen übrig? Pack es ein, und gib es deinen Gästen mit. Oder, noch besser, veranstalte einmal im Jahr eine Party, bei der jeder etwas zu essen mitbringt. Der Clou: In den Gerichten müssen Reste oder Lebensmittel aus deinem Kühlschrank verarbeitet sein. Ich bin sicher, am Ende wird dich nicht nur der Geschmack, sondern auch die Kreativität deiner Freunde beglücken.

CHECKLISTE FÜR EINE ARCHITEKTUR DES GLÜCKS

- ❑ Slow Food. Ob India Pale Ale oder Salzzitronen, bereite etwas zu, bei dem du schon die Vorfreude auskosten kannst.

- ❑ Samenfreuden. Baue Gemüse an. Ob Chilis oder Tomaten, in Töpfen oder Parzellen, ganz egal. Hygge wird deine Ernte sein.

- ❑ Gaumenfreuden. Was ist dein Lieblingsgericht? Schenk dir die Zeit, es einmal im Monat zu Hause zu kochen.

FAZIT

EIN HEILSAMER ORT FÜR DIE SEELE

In einem meiner vorherigen Bücher, *Lykke – Der dänische Weg zum Glück*, erwähnte ich kurz die büchergestützte Therapie, also Bibliotherapie. Hier wird den Patient:innen bei der Bewältigung ihrer Probleme geholfen, indem sie Geschichten über Menschen lesen, die mit ähnlichen Thematiken konfrontiert sind wie sie selbst. Seither ist mein Glaube an die Heilkraft von Worten noch gewachsen, und ein Grund dafür sind die Erfahrungen, die William Sieghart gemacht hat.

Vor ein paar Jahren hielt ich einen Vortrag auf einer vom Londoner Magazin *Idler* organisierten Konferenz. Einer der Redner war William, der an die aufbauende und heilende Kraft von Poesie glaubt und die Mission verfolgt, »Lyrik aus der Lyrik-Ecke herauszuholen«.

»Mit acht wurde ich zum ersten Mal ins Internat geschickt, aufgrund dieser seltsamen britischen Tradition, die eigenen Kinder an einen Ort am anderen Ende des Landes zu schicken, wo sie von niemandem geliebt werden«, erzählte er. »Ich war klein, ich war einsam, und ich habe mich gefürchtet. Ich war furchtbar unglücklich. In einer Zeit, als Freunde rar waren, wurde die Poesie zu meinem Freund.«

In den vergangenen Jahren haben mehr als tausend Menschen in ganz Großbritannien William Sieghart ihr Leid geklagt, woraufhin dieser ihnen ein speziell für sie ausgewähltes Gedicht hat zukommen lassen. Das nennt er die »Poesie-Apotheke«.

Er hat festgestellt, dass wir alle die gleichen Probleme haben. Egal, woher wir kommen, wir sind mit einer relativ kleinen Auswahl an Themen und Ängsten konfrontiert – und für genau diese hat er sich um Poesie-Medizin bemüht. Die größte Last von allen scheint die Einsamkeit zu sein. Und dafür verschreibt dir William ein sehr kurzes Gedicht des persischen Dichters Hafis aus dem 14. Jahrhundert: »Ich wünschte, ich könnte dir, wenn du einsam oder in der Dunkelheit gefangen bist, das erstaunliche Licht deines eigenen Wesens zeigen.«

Der Zaubertrank der Poesie führt uns vor Augen, dass irgendwer irgendwo auf der Welt schon die Gefühle durchlebt hat, die wir jetzt durchleben. Irgendwer hat die Essenz eines Gefühls herausdestilliert, von dem wir dachten, wir würden es alleine schultern. Und nun erkennen wir, dass es unseren Mitmenschen genauso geht. Poesie ist eine Art, sich an den Händen zu nehmen, eine Art, sich mit der Menschheit zu verbinden. Sie lässt uns verstehen, wie viel wir mit einem persischen Dichter gemeinsam haben, der vor siebenhundert Jahren gelebt hat, und nimmt uns dadurch ein klein wenig die Einsamkeit. Wenn wir zeitlich noch weiter zurückgehen, bis in die Antike, und die Bibliothek von Alexandria besuchen, ist dort über den Toren zu lesen: »Heilungsstätte der Seele«.

Meine Hoffnung ist, dass nicht nur Bibliotheken Heilungsstätten der Seele sein können, sondern auch unsere Wohnungen. Des Weiteren, dass wir nicht nur auf längst vergangene persische Dichtkunst zurückgreifen, um unsere Einsamkeit zu lindern, sondern in Zukunft unsere räumliche Umgebung so gestalten, dass sie gute Beziehungen und ein Zugehörigkeitsgefühl förmlich einlädt. Dass wir die Poesie aus der Lyrik-Ecke und gleichzeitig Design aus der »Hübsche-Dinge-Ecke« herausholen.

Ich schaue mir stets die Gewinner des INDEX Awards an, der alle zwei Jahre von der gemeinnützigen dänischen Organisation The Index Project verliehen wird. Dieser Designpreis ist einer der renommiertesten der

Welt (er wurde auch schon als »Nobelpreis für Design« bezeichnet), und sein Motto ist: »Design zur Verbesserung des Lebens«.

Das Preisgeld beträgt 500.000 Euro, wobei aus Hunderten Nominierten fünf Gewinner in den folgenden Kategorien ausgewählt werden: Körper, Zuhause, Arbeit, Spielen und Lernen, Gemeinschaft.

Unter den früheren Gewinnern waren LifeStraw, ein Strohhalm aus Plastik, der verseuchtes Wasser reinigt, um die Verbreitung von Krankheiten wie Cholera und Typhus zu verhindern; Street Swags, ein Bett in einer Tasche, das Obdachlosen etwas Behaglichkeit und Wärme sowie Schutz vor dem Wetter bietet; Sky Greens, vertikale Farmen für die Stadt, die die Umweltbelastungen der konventionellen Landwirtschaft reduzieren; sowie Hövding, ein Airbag für Radfahrende, den man sich um den Hals legt wie eine Kette. Bei einem Unfall wird der Airbag ausgelöst und polstert deinen Kopf, bevor du auf dem Boden aufprallst. Vergiss nicht, wir haben es hier mit einem dänischen Preis zu tun – wir lieben Fahrräder! Das hier sind jedenfalls Beispiele dafür, dass Design mehr leisten kann, als nur ästhetisch zu erfreuen.

Designer sollten nach Lösungen für uns Menschen suchen, sollten eine bessere Welt erdenken und austüfteln, wie sie Wirklichkeit werden kann. Darunter fallen auch die Räumlichkeiten, in denen wir mehr Zeit als überall sonst verbringen – unser Zuhause.

Dieses Buch soll keine To-do-Liste darstellen, sondern eher einen Katalog oder eine Speisekarte, die dich inspiriert. Meine Hoffnung wäre, dass du ein Bewusstsein dafür entwickelt hast, wie unsere Umgebung nicht nur unser körperliches, sondern auch unser mentales Wohlbefinden beeinflusst. Und dass du darüber nachdenkst, wie sich dein Zuhause auf deine Gefühlswelt auswirkt. Ich hoffe, du nimmst das Zepter in die Hand und gestaltest, formst und pflegst deine wohnliche und berufliche Umgebung, damit du dort gedeihen kannst.

Derzeit gibt etwa ein Drittel der Bewohner Großbritanniens an, zwar ein Haus, aber kein Zuhause zu bewohnen. Ich glaube, das können wir ändern, indem wir Räume und Orte so gestalten, dass sie uns Freude bringen. Ich glaube, mit Hygge können wir unser Haus in ein Zuhause verwandeln, also in einen Ort, der für Beisammensein gestaltet wurde und wo man sich zugehörig fühlt. Einen Ort, an dem wir Freude und Trost empfinden, wenn wir Pflanzen beim Wachsen beobachten.

Mithilfe des Konzepts von Hygge können wir unsere Wohn- und Arbeitsbereiche in Orte verwandeln, wo wir unseren Reichtum an der Tiefe unserer menschlichen Bindungen und dem Ausbleiben von Wünschen bemessen. An den Werkzeugen, die wir mit unseren Nachbarn teilen, und an dem Tageslicht, das unser Leben erhellt. Am guten Spiel unserer Kinder und an der Würze unserer selbst angebauten Chilis.

Meine größte Hoffnung ist, dass wir mithilfe von Hygge einen Ort erschaffen, der uns zu den wichtigen Dingen des Lebens ermutigt. Der uns große Erfüllung bei kleinem Budget bietet. Der uns die Entdeckung ermöglicht, dass Glück meist hausgemacht ist.

BILDNACHWEIS

KAPITEL 1

S. 2, 6, 15 © Shutterstock
S. 11 © Alastair Philip Wiper/VIEW/ Alamy
S. 13 © Melanie DeFazio/Stocksy
S. 17, 21 © Duet Postscriptum/Stocksy
S. 18 © Studio Firma/Stocksy
S. 22 © Andrey Pavlov/Stocksy
S. 25 © iStock via Getty Images
S. 27 © Anna Matzen/plainpicture
S. 32 © Laura Stolfi/Stocksy

KAPITEL 2

S. 34–35, 52, 65, 66 © Getty Images
S. 37 © Irina Efremova/Stocksy
S. 39, 74 © Shutterstock
S. 40–41 © Arnphoto/iStock/Getty Images
S. 47 © Kristine Weilert/Stocksy
S. 48 © Alina Hvostikova/Stocksy
S. 55 © Ellie Baygulov/Stocksy
S. 56 © Vertikala/Stocksy
S. 59 © Milles Studio/Stocksy
S. 61 © Melanie DeFazio/Stocksy
S. 69 © Gillian Vann/Stocksy
S. 70 © Studio Firma/Stocksy

KAPITEL 3

S. 76–77, 86, 98 © Getty Images
S. 79 © Lucas Ottone/Stocksy
S. 80 © Joe St. Pierre Photography/Stocksy
S. 83 © Shutterstock
S. 85 © Dave Waddell/Stocksy
S. 89 © Danil Rudenko/Stocksy
S. 90 © Alina Hvostikova/Stocksy
S. 95 © Giada Canu/Stocksy
S. 101 © Fabián Vásquez/Stocksy
S. 105 © Milles Studio/Stocksy

KAPITEL 4

S. 110–11, 113, 139 © Shutterstock
S. 123 © Melanie DeFazio/Stocksy
S. 124 © Duet Postscriptum/Stocksy
S. 131, 133, 141 © Getty Images
S. 134 © Valentina Barreto/Stocksy

KAPITEL 5

S. 144–145, 153, 157, 158, 161, 165, 175, 178 © Getty Images
S. 147 © Javier Pardina/Stocksy
S. 166 © Inuk Studio/Stocksy
S. 181 © Natalie Jeffcott/Stocksy

KAPITEL 6

S. 184–85, 198, 204, 208 © Getty Images
S. 187, 192, 203 © Shutterstock
S. 197 © Alamy
S. 207 © Studio Firma/Stocksy

KAPITEL 7

S. 210–11, 218 © Shutterstock
S. 217 © Chalit Saphaphak/Stocksy
S. 223 © Matt and Tish/Stocksy
S. 224 © Vika Strawberrika/Unsplash
S. 227 © Taylor Hernandez/Unsplash
S. 232 © Ines Sayadi/Unsplash
S. 237 © Getty Images

KAPITEL 8

S. 240–41 © Depositphotos
S. 243 © Hannah Garvin/Stocksy
S. 244 © Ali Harper/Stocksy
S. 251 © Duet Postscriptum/Stocksy
S. 255 © Helen Rushbrook/Stocksy
S. 260 © Getty Images

FAZIT

S. 265 © Melanie Kintz/Stocksy
S. 266 © Bonninstudio/Stocksy
S. 269 © Jimena Roquero/Stocksy

DANK

So viele Menschen haben mir die Türen geöffnet und meine Sicht auf das, was ein hyggeliges Zuhause ausmacht, geprägt.

Ich danke dem Ort, an dem wir Tunnel durch den Garten gruben; dem Ort, an dem George, die Eidechse, unter den Treppenstufen lebte; dem Ort, dessen Küche groß genug war, um eine siebenköpfige Fernsehcrew unterzubringen; dem Ort, der eine Matratze zum Schlafen für mich bereithielt; dem Ort, an dem wir ständig eine neue Flasche Wein aufmachen können; dem Ort, an dem es tatsächlich noch fliegende Misteln gibt; dem Ort, an dem Dogget die Schlange entdeckte; dem Ort, an dem »Der mexikanische Zug« gespielt wird; dem Ort, in dem stets auf einen sprühenden Verstand und einen knackigen Hintern angestoßen wird; dem Ort, an dem ich mich immer aufs Abendessen freue; dem Ort, an dem beim Krocket gewonnen oder verloren wird; dem Ort, an dem sich während der Weihnachtsansprache der Queen hingestellt wird; dem Ort, an dem wir das Pariser Puzzle geknackt haben; dem Ort, wo du dir stets einen Comic ausleihen durftest; dem Ort, an dem Irish Folk gespielt wird; dem Ort, an dem es immer nach Wald riecht; dem Ort, an dem die Gastgeberin all unsere Namen auswendig gelernt hatte; dem Ort, an dem die beste Band Lettlands residiert; dem Ort, an dem stets eine Tasse Kaffee mit meinem Namen auf mich wartet; dem Ort, an dem wir *American Pie* nicht zu Ende angeschaut haben; dem Ort, an dem er sich so hinsetzte, dass ihm seine Frau einen Kuss geben konnte; dem Ort, an dem ein Kreuzworträtsel am Nachmittag das Maximum an Hektik darstellt; dem Ort, an dem Karten ausgeteilt und Whiskeygläser eingeschenkt werden; dem Ort, an dem für immer »Great Balls of Fire« gespielt werden wird; und zu guter Letzt dem Ort, an dem die Pinguine wohnen. Ohne euch wären meine Bücher in der Schublade geblieben.